**读客经管文库**
长期投资自己，就看读客经管。

# 领导力21法则

## 追随这些法则 人们就会追随你

The 21 Irrefutable Laws of Leadership: Follow Them and People Will Follow You

[美] 约翰·C.马克斯维尔 著

路本福 译

文匯出版社

# 目 录

推荐序 / 1

致谢 / 3

引言 / 4

## 1. 盖子法则 / 11

**领导力决定一个人的办事效力**

迪克和莫里斯兄弟距离他们的美国梦只有一步之遥,但最终却未能实现。相反,一个叫雷的人却借助两兄弟创办的麦当劳获得了巨大成功。这一切只因为两兄弟不了解盖子法则。

## 2. 影响力法则 / 22

**衡量领导力的真正尺度是影响力**

亚伯拉罕·林肯最初的级别是上尉,而到战争结束,他却成了一名二等兵。这是怎么回事?因为他成了影响力法则的受害者。

## 3. 过程法则 / 36

**领导力的提升是日积月累的结果,而非一日之功**

西奥多·罗斯福创造了一个世界超级大国,赢得了诺贝尔和平奖,并且当上了美国总统。然而,如果他当初不懂得过程法则的话,那么直到今天你可能都没听过他的名字。

## 4. 导航法则 / 50

### 谁都可以掌舵，唯有领导者才能设定航线

斯科特领着一队冒险家，带着一个自动防故障罗盘，到达了世界尽头——也走向了不光彩的死亡之路。如果他懂得导航法则的道理，他们原本可以活下来。

## 5. 增值法则 / 63

### 领导者为他人提升价值

在折叠式小桌上办公，自己接电话，一有空就去看望小时工，被华尔街指责为对员工太仁慈——哪一个《财富》500强的CEO会这么做呢？就是那个明白增值法则的领导者。

## 6. 根基法则 / 77

### 信任是领导力的根基所在

如果罗伯特·麦克纳马拉当初懂得根基法则，那么越南战争——以及因此而在国内发生的一系列事件——也许就会有不同的结局了。

## 7. 尊重法则 / 90

### 人们通常愿意追随比自己强的领导者

各方面的迹象都表明她成功的几率很小，但是成千上万的人都称她为自己的领袖。为什么呢？因为他们无法摆脱尊重法则的巨大影响。

## 8. 直觉法则 / 106

### 领导者善用领导直觉评估每件事情

史蒂夫·乔布斯为什么能够不断地创新苹果电脑，使之更上一个台阶呢？从直觉法则中可以找到答案。

## 9. 吸引力法则 / 124

### 你只能吸引和你相似的人

人员不足、装备落后的南部邦联军队为什么能与强大的联邦军队作如此长时间的抵抗？因为南部邦联军队有着更为优秀的将军。为什么他们有更好的将军？吸引力法则将为你揭晓谜底。

## 10. 亲和力法则 / 134

### 领导者深知，得人之前必先得其心

作为一个新领导，约翰深知，组织里最有影响的那个人可能会破坏自己的威信。那么他该怎么做呢？他采取了亲和力法则。

## 11. 核心圈法则 / 149

### 一个领导者的潜力，由最接近他的人决定

兰斯·阿姆斯特朗被誉为有史以来最伟大的自行车手。人们称赞他坚忍不拔的意志，赞扬他严酷训练的毅力，却忽略了核心圈法则。

## 12. 授权法则 / 164

### 有安全感的领导者才会授权予人

亨利·福特改革了汽车工业，被誉为美国商业界的偶像式人物。那么，是什么原因使他犯了一个重大错误，以至于他的儿子担心福特汽车公司会倒闭呢？因为他成了授权法则的受害者。

## 13. 镜像法则 / 178

### 看到别人怎么做，大家也会怎么做

E连在阿登战役中挫败了德国军队的进攻，粉碎了希特勒阻止协约国军队前进的阴谋。他们之所以能够成功，是因为他们的领导者遵从了镜像法则。

## 14. 接纳法则 / 192

### 人们先接纳领导者，然后接纳他描绘的愿景

他们通过消极反抗解放了自己的国家，虽然几千人因此牺牲了性命。是什么激励他们这么做？是接纳法则。

## 15. 制胜法则 / 203

### 领导者为他的团队找出一条制胜之路

是什么将英国从闪电战中救出？是什么打破了南非的种族隔离？又是什么使芝加哥公牛队赢得多次美国职业篮球联盟（NBA）冠军？这三个问题的答案只有一个。那就是，他们的领导者遵循了制胜法则。

## 16. 动势法则 / 217

### 动势是领导者最好的朋友

杰米·埃斯卡兰被称为美国最优秀的教师。但他的教学能力只是其中部分原因，他和加菲尔德高中的成功皆得益于动势法则。

## 17. 优先次序法则 / 233

### 领导者明白，忙碌不一定等于成效

他们叫他奇才。他对自己的重要任务烂熟于心，如果你说出一个日期和具体时间，他都能准确地告诉你他的运动员在做什么正因如此，他拿到了十次锦标赛冠军。那么，优先法则对你来说有什么用呢？

## 18. 舍得法则 / 245

### 领导者必须先"舍"后"得"

为了你的追随者，你会放弃什么？这个领导者放弃了自己的生命。为什么？因为他明白舍得法则的强大力量。

## 19. 时机法则 / 259

**掌握时机与善用策略同样重要**

无论是市长、省长、部长还是总统，各级领导都丢下了自己的责任。当一个领导者违反了时机法则，潜在的危机就会爆发——他们中却没有人认识到这个道理。

## 20. 爆炸性倍增法则 / 271

**培养追随者，得到相加的效果；培养领导者，得到倍增的效果**

要在全球培训100多万人，有没有这个可能呢？如果你用领导者的数学，就有可能实现。秘诀就是爆炸性倍增法则。

## 21. 传承法则 / 284

**一个领导者的长久价值由其继承者决定**

人们会在你的葬礼上说些什么？今天你如何用好传承法则将决定他们明天说些什么。

**结语 兴衰成败皆系于领导力 / 294**

**领导力21法则自测题 / 296**

# 推荐序

当约翰·马克斯维尔请我给他的这本10周年纪念版《领导力21法则》作序时,我既深感荣幸又颇为好奇。在过去的20多年里,约翰和我走过的道路非常相似,我们俩都在不停地演讲和写作,我们都被人们称为"领导力专家"。我们彼此都知道对方在做的事情,而且也彼此尊重。尽管我们有那么多的相似点,但我们的演讲对象几乎没有什么重合。

在推荐这本书之前,请允许我向自己的读者介绍一下约翰·马克斯维尔和他所教授的东西,特别是那些此前没有接触过他的作品的读者。这本修订版的《领导力21法则》无疑是最佳的介绍材料,因为它可谓是约翰工作和生活的最好写照。只要读一读这本书,你就会知道约翰是一个什么样的人,同时也会对他的领导力哲学有所了解。

《领导力21法则》第一次出版是在1998年,当时我就发现这些法则非常实用,直到今天我依然这么认为。在过去的30多年里,约翰·马克斯维尔早已为自己赢得"沟通大师"的美誉。正如他自己所言,善于沟通的人能够"把复杂的事情简单化"。

《领导力21法则》并不是一部晦涩难懂的领导力著作,相反,它更像是一本入门级的操作手册。在每一章中,你都能"认识"一些遵循相应法则的人或者违背相应法则的人。每一条法则本身的定义也非常清晰明了。最重要的是,约翰为你规划好了具体的实践步骤,让你能轻松地在自己的办公室、社区、家庭或者教堂里应用这些法则。

约翰告诉我说，这次的修订让他感到非常兴奋，因为他终于有机会把自己在图书第一版出版后学到的经验教训融入其中了。我非常清楚他的意思。领导力从来都不是静止不动的，关于领导力的图书当然也不应该一成不变。我相信修订后的版本能够带来更大的影响力。约翰在书中更新了部分法则，对一些描述和措辞进行了润色，而且还从应用层面上进行了必要的强化。书中最基本的领导力概念并没有被抛弃，相反，约翰针对新一代领导者的特点对这些概念进行了更新。毫无疑问，修订后的《领导力21法则》只会比原书更有可读性。

如果这是你第一次接触《领导力21法则》，我敢说你一定会爱上它的。这本书会改变你的生活方式和领导方式。在阅读本书的过程中，你无时无刻不在受到激励，你的领导能力也会随着阅读的不断深入而得以持续攀升。如果你已经读过最初的版本，那你一定会为修订后的版本拍手叫好。你不仅能够学到很多新的东西，而且还会回忆起那些让你受益匪浅的真知灼见。通过真正参与书中推荐的实践活动，你对这些领导力法则的应用能力将会上升到一个新的高度。

这本书不仅带给了我阅读的乐趣，而且还让我受益匪浅。我深信，你也会跟我一样，书中那些精彩的领导力故事一定会带给你无尽的启迪！

史蒂芬·R.柯维

《高效能人士的七个习惯》

等畅销书的作者

# 致谢

感谢世界各地数千名学习甚至挑战领导力法则的领导者，正是你们不断促使我去做深入的思考。

感谢托马斯·尼尔森的团队，谢谢你们给我机会修订这本书，特别感谢塔米·海姆，你是一名具有战略思想的领导者，也特别感谢维克多·奥利弗，在我最初提炼这些概念的时候你给了我很多的启发。

感谢我的行政助理琳达·艾格斯以及她的助手苏·考德威尔，感谢你们每天不辞辛苦地为我提供那么贴心、那么优质的服务。

感谢我的写作伙伴查理·维泽尔和他的妻子史蒂芬妮，如果离开你们的努力，这本书根本就不可能跟读者见面。

# 引言

每一本书都是作者与读者之间的一次对话。有些人读书是为了获得些许的鼓舞，有些人会试图掌握书中的所有信息，就好像在参加一个信息量巨大的研讨会似的，还有一些人会试图从书中找到一名虚拟的导师，然后每天、每周或者每个月来跟导师会面请教。

我之所以喜欢写书，是因为可以通过这种方式与很多人"对话"，有些人我一辈子都不可能有机会与他们见上一面。也正是这样的原因，使我在1977年时，决定成为一名写作者。很多人给了我写作的动力，我想为这些人带去更多的价值。这种激情直到今天依然在我的心中熊熊燃烧。有时候，我走在路上，会被一名陌生人拦住，然后他告诉我说："谢谢你，你的书真的对我帮助很大！"我就会觉得这就是我所期望的最大的回报。这是我写作的原因所在，而且我会一直坚持写下去！

尽管我知道自己的书帮助了很多人，而且也为此深感欣慰，但作为一名作者，我也有自己的困惑。一本书一旦出版，也就在时间的长河里停滞不前了。如果我们彼此相识，而且有机会每周或每个月聊一次领导力这个话题，我觉得我们每次见面的时候，我都能有新的东西分享给你。作为一个个体，我自己也在不断进步。我会读很多的书，会分析我自己的错误。我会跟卓越的领导者交谈并跟他们学习。如果我们相识，每当我们坐在一起聊天时，我一定会说："你可能不相信，但我最近又学到了不少东西。"

作为一名经常外出演讲的人，我会在各种会议上把我在书中写下的法则教授给观众，而且我会不断更新自己的演讲材料。我会讲新的故事，我会让自己的观点变得更加精炼。当我站在听众面前的时候，我的脑海中经常会蹦出新的想法。可是，当我再去读此前写过的图书时，我一方面会意识到自己已经有了很大的改变，但另一方面，我又变得非常苦恼，因为图书本身并没有随着我的改变而发生相应的变化。

当我的出版商托马斯·尼尔森问我是否愿意把原来的《领导力21法则》修订一下出一个10周年纪念版时，我的心里简直乐开了花。我当时之所以写这么一本书，是想回答一个问题："如果让你把过去的那么多年里对领导力的研究归结为一个清单，它会是什么样子？"我把领导力的要素写在了一张纸上，而且尽量做到简洁明了。图书出版后迅速登上了各大畅销书排行榜，我也意识到这本书或许可以帮助很多人成为更优秀的领导者。

## 成长=改变

现在，很多年过去了，对于书中的一些内容我已经不再那么满意了，我知道自己可以对某些观点予以完善。有些故事已经过时了，我想用新的故事把它们换掉。此外我也积累了更多的素材，这些素材可以更好地诠释某些法则。在过去的十年里，我去了十多个国家讲授领导力法则，我听到了成千上万个有关这些法则的问题。与最初写作这本书时相比，我的很多思考也变得更加深入了。这个十周年纪念版刚好给了我一个良机，让我得以对最初的版本进行必要的修订和完善。

到目前为止，我对原书想做的最大改动主要是围绕其中的两条法则。"啊？"你也许会问，"你怎么能把自己无可辩驳的法则给改了？"

首先，当讲授这些法则时，我很快认识到，其中两条法则其实已经包含在其他法则之中了。实际上，哈顿法则（真正的领袖一开口，人们就洗耳恭听）只是影响力法则的一方面（衡量领导力的真正尺度是影响力）。当人们围坐在一张桌子旁，认真听一位领导者侃侃而谈，这就说明讲话者很有影响力。因为哈顿法则的观点已经包含在影响力法则之中了，我就将这两章的内容合为一章。同样，我发现增殖法则（名师出高徒，只有领袖才能带出领袖）在倍增法则（培养追随者，得到累加的效果；培养领导者，得到倍增的效果）中已经有所体现。因此，我把这两条法则也合在一起了。

其次，我逐渐意识到自己当初在总结领导力法则的时候漏掉了两点内容。在我提出的领导力范畴中，我觉得一些事情是理所当然的。我认为领导者的地位首先是服务他人的一种形式，因此我从未想到要把这一点归结为法则然后再去教给大家。我忽略的第二点就是领导者的榜样作用及其对团队文化的深刻影响。因此，我将这两条新的法则纳入了这本《领导力21法则》十周年纪念版中。这两条新法则分别是：

增值法则：领导者通过服务他人增加价值

镜像法则：看到别人怎么做，大家也会效仿

真不知道我此前怎么会与这两个法则失之交臂，还好你不会错过它们了。我确信，增加这两条法则无论对于这本书，还是对于你领导力的提高都将大有益处。因为，服务他人和以身作则是成为优秀领导者的两大要素。我真希望每过十年就把自己的所有著作修订一次，加上自己错过的东西！

## 经验总结

在过去10年讲授21条法则的过程中，我还得到了另外两条经验。

### 1.要培养领导力，你需要样样做好

出于直觉，成功人士总是认为专注于获得成功非常重要。然而领导力是错综复杂的。有一次，我在研讨会上讲授领导力21法则，茶歇时，一个大学生走过来对我说："我明白你讲的是21条领导力法则，但是我想知道，最关键的是什么？"他非常认真地举起食指，问我，"也就是说，关于领导力，我需要知道的最关键的一点是什么呢？"

我学着他认真的样子，举起我的食指，回答道："你需要知道，关于领导力最重要的一点就是，关于领导力，你所需要知道的不仅仅是一点！"要成为优秀的领导者，我们必须把21件事情都做好。

### 2.没有人能做到21条法则

事实上，我们之中没有一个人能做到所有的法则。比如说，其中的5条法则我都只能达到平均或平均以下水平——而我却写了这本书！那么，领导者应该怎么办呢？忽略这些法则吗？不是，领导者需要组建一个领导团队。

我建议你测试一下自己对每条法则的掌握情况。一旦知道了自己在哪些法则上处于平均或平均以下水平，就去寻找几位在那些方面比你强的队友。他们会弥补你的不足，反之也是如此，整个团队都将因此从中受益。这样，你就可以组建一支全明星领导团队。记住，没有人能够比

所有人都聪明。

## 有些东西永恒不变

虽然我对某些法则做了一些改动，并且更新了教学方式，但在过去10年里，有些事情是保持不变的。无论你去哪里，也无论你做什么工作，领导力就是领导力，它的存在不容怀疑。时代在变，科技在不断进步，各地文化也千差万别。但是，不论你是古希腊的公民、《旧约》里的希伯来人、现在世界的战士、国际社会的领导人、乡村教堂的牧师，还是今日从事全球贸易的企业人士，你都会发现：真正的领导力原则是恒久不变的，它们能够经得起时间考验。

当你开始阅读本书章节时，我希望你能将以下几点谨记于心。

**1.这些法则是可以学会的**

其中有些法则要好懂些，也更容易付诸实践，但这21条法则中的每一条都是可以学会的。

**2.这些法则是相互独立的**

各条法则之间相辅相成，但并不是互为前提，你在学某条法则之前不必"一定"学会另一条法则。

**3.这些法则都会奏效**

应用这些法则，人们就会听从你的领导；违背或者忽视这些法则，你就无法有效地带领他人。

**4.这些法则是领导力的根基**

一旦学会了这些法则，就必须将它们付诸实践，应用到你的实际生活中去。

不论你现在是一个刚开始发掘领导力魅力的追随者，还是一个自然而然就已经拥有大批追随者的天然领导者，你都可以成为更优秀的领导者。当你读这本书时，你或许会发现自己已经成功掌握了其中一些法则，而另一些法则可能会揭示出你自己以前都没有意识到的不足之处。你可以把这些反思看作是一个学习的过程。在这个版本中，我在每章的后面设计了练习题，以帮助你把这些法则应用到实际生活中。

不论你现在的领导力处于什么水平，记住：掌握的领导力法则越多，你就越会成为成功的领导者。每条法则都像一个工具，随时可以为你所用，帮助你实现梦想，同时让其他人也从中受益。只要掌握其中一项，你就能成为更好的领导者。把所有法则都学会，人们将欣然追随你。

现在，就让我们一起来打开这个工具箱吧。

# 1.盖子法则

## 领导力决定一个人的办事效力

在有关领导力的会议上，我往往会用盖子法则作为自己的开场白，我之所以向大家诠释这一法则，是因为它有助于人们理解领导力的价值。一旦掌握了这一法则，你就会看到，领导力对生活各个层面的影响是多么不可思议。

我们可以这么解释盖子法则：锅里的水总是漫不过盖子，领导力就像一个盖子，它决定了一个人的办事效力。一个人的领导力越低，限制其潜力发挥的盖子所处的位置也就越低，也就是说他的潜力更低；相反，一个人的领导力越高，盖子所处的位置也就越高，他所能发挥的潜力也就越大。举例来说，如果你的领导力分值是8，那么你的办事效力永远也不可能大于7。如果你的领导力分值仅为4，那么你的办事效力顶多为3。不管怎样，你的领导力往往决定了你的办事效力以及你所在组织的潜在影响力。

接下来，我想用一个故事来说明盖子法则。1930年，年轻的兄弟俩——迪克和莫里斯，从新罕布什尔州来到了加州，他们此行的目的就是实现自己的"美国梦"。两人都刚从高中毕业，自觉在老家打拼没什么发展前途，于是直奔好莱坞，并最终在一家电影工作室找到了工作。

没过多久，富有创业精神且对娱乐行业充满兴趣的兄弟俩就离开了那家工作室，自己在好莱坞东北边大约五英里的格伦代尔镇开了一家剧院。尽管兄弟俩非常努力,可剧院始终都无法盈利。在经营剧院的四年里,他们有时竟然付不起每月100美元的房租。

## 新的机遇

兄弟俩迫切想要在事业上有所成就,所以一直都在寻觅更好的商业机会。1937年,他们终于发现了新的机遇。他们在格伦代尔东边的帕萨迪纳市开了一家小小的免下车餐馆。当时,以车代步在南加州已经是很普遍的现象了,随着人们对汽车的依赖程度越来越高,当地的文化和商业设施也出现了一些相应的变化。

免下车餐馆是在20世纪30年代早期涌现出来的,而且很快就受到了人们的广泛欢迎。在这样的餐馆里,顾客不会到室内用餐,而是把车开到餐馆周围的停车场,直接向走到车边的服务员点餐。服务员随后会把准备好的食物放在托盘里送给顾客,托盘里瓷碟、玻璃杯和各种金属餐具一应俱全,顾客坐在车里就能够享用到美味佳肴。在一个节奏越来越快、流动性越来越强的社会里,这显然是一个符合时代潮流的好创意。

迪克和莫里斯的小餐馆生意做得红红火火,1940年,他们决定把餐馆搬到洛杉矶东部50英里处的圣贝纳迪诺,一个工薪阶层聚集的新兴城市。他们扩大了店面,丰富了菜单,除了热狗、炸薯条和奶昔外,顾客还能享用到烤牛肉和猪肉三明治、汉堡包以及其他菜品。他们的生意飞速发展,年营业额高达20万美元,兄弟俩发现每年竟然能够赚到5万美元的纯利润,这在当时可是一笔非常可观的收入,兄弟俩也因此跻身当地的财富新贵行列。

到了1948年,敏锐的直觉告诉他们,时代变了,于是他们开始对自己的餐馆生意进行调整。他们取消了送餐到车的服务，改成只为走进餐馆的顾客提供服务。他们几乎对餐馆的一切都做了简化。减少菜品，专门卖汉堡包；取消瓷碟、玻璃杯和金属餐具，改用纸盘、纸杯和塑料餐具。通过削减成本降低菜品价格，让顾客得到实惠。此外，他们还发明了一个新系统，他们称之为"快速服务系统"。厨房好像变成了一条流水线，流水线的每一名员工都在高速运转，兄弟俩的目标是把完成每一个订单的时间控制在30秒以内。他们做到了。到了20世纪50年代中期，餐馆的年收入达到了35万美元，迪克和莫里斯每年已能获得大约10万美元的纯利润。

那么，这兄弟俩到底是何许人也？假如时光倒流，你只需驱车到圣贝纳迪诺市第14大街和E街的拐角处，就能够看到他们的那家小餐馆。在那幢矮小的八角形建筑的前面，悬挂着一个霓虹灯招牌，上面写着：麦当劳汉堡包。你肯定会认为，这就是迪克·麦当劳和莫里斯·麦当劳的故事，兄弟俩当时发了大财，再接下去的故事就尽人皆知了。果真如此吗？很遗憾，你想错了。事实上麦当劳兄弟俩在事业上并未能取得更大的进展，原因很简单，兄弟俩的领导力比较低，这种领导力水平就像是一个盖子，盖住了他们获得更大成功的机会。

## 故事背后的故事

没错，麦当劳兄弟俩的确实现了财务自由，他们的汉堡包店是全美国最赚钱的餐馆之一，他们甚至觉得如何花钱都成了一件令人头疼的事儿。他们在顾客服务和厨房组织方面极具天赋，这种天赋催生出一套餐饮服务行业的全新系统。事实上，兄弟俩的这种天分在业内已是闻名遐迩，很多人开始慕名给他们写信，也有人从全国各地赶来拜访，想要学习他们经营餐馆的方法。有那么一段时间，他们每月接听的电话和收到的信件加起来竟然多达300个。

这促使兄弟俩产生了推广麦当劳经营理念的想法。其实，特许经营餐馆并不是什么新鲜事物，几十年前就已经有人提出了这种理念。对于麦当劳兄弟俩来说，这意味着不必自己去开新的餐馆就能坐收渔翁之利。1952年，他们开始付诸行动，但结果却以惨败告终。原因很简单，他们并不具备让一家更大的企业有效运营所需的领导能力。迪克和莫里斯在经营单体餐馆方面很有一套，他们懂得如何经营，如何让自己的系统高效运转，如何降低成本，以及如何获得更大的利润。他们是卓有成效的经理人，但却不是领导者。他们的思维模式就像一个盖子，限制了他们去成就更大的事业和成为更优秀的企业家。迪克和莫里斯已经站在了成功的巅峰，但同时也一头撞上了自己事业的天花板，在"盖子法则"的约束下，他们再也无法取得新的突破。

## 兄弟俩与领导者成为合作伙伴

1954年，麦当劳兄弟俩开始与一个名叫雷·克拉克的人合作。克拉克是个领导人才，此前一直在经营自己创办的一家销售奶昔搅拌机的小公司。他此前就知道麦当劳，因为这家餐馆是他的最佳顾客之一。亲自造访过这家餐馆后，克拉克马上就看到了它所蕴含的巨大潜力。在他的脑海中，已经浮现出数百家这样的餐馆在全国遍地开花的美好前景。克拉克很快就跟迪克和莫里斯签订了一份协议，1955年，他成立了麦当劳系统公司（后来改名为麦当劳公司）。

克拉克迅速买下了一家麦当劳特许加盟店的经营权,并打算以此为范本和原型复制出更多的特许加盟店。随后他开始组建团队,建立组织,雄心勃勃地想要把麦当劳打造成全国性的连锁餐馆。他尽一切可能去招募最优秀的人才,随着团队规模的扩大和能力的提升,这些人又开始去招募更多具备领导才能的新人。

在最初的几年里,克拉克做出了巨大的牺牲。尽管已经50多岁了,但他还像30年前创业时那样长时间工作。他甚至变卖了很多的家当,放弃了自己在乡村俱乐部的会员资格,后来他曾回忆说凭那张会员卡他能多打十杆高尔夫球呢。在为麦当劳工作的头八年里,他没有拿过任何薪水。不仅如此,为了支付团队里几个核心领导者的薪水,他还以个人的名义向银行贷款,甚至拿自己的人寿保险作抵押。他的牺牲精神和领导才能最终获得了回报,1961年,克拉克以270万美元的代价从迪克和莫里斯手中买下了麦当劳的全部所有权,随后不断推动公司向前发展,并最终把麦当劳变成了一家不仅遍布全美而且遍布全球的大型企业。很显然,无论是在生活中还是在领导力方面,克拉克的"盖子"所处的位置都要比麦当劳兄弟高出许多。

迪克和莫里斯曾试图以特许加盟的方式推广他们的餐饮服务系统,但他们花费了数年的时间才找到50个买家,最终真正开业的餐馆只有10家。即便是在那样的规模下,他们有限的领导力和视野也成了企业发展的绊脚石。举例来说,他们的第一家特许加盟店位于凤凰城,当时的店主尼尔·福克斯告诉兄弟俩说想把自己的餐厅也叫作麦当劳,迪克的第一反应竟然是:"有这个必要吗?麦当劳在凤凰城毫无名气啊。"

相反,雷·克拉克生命中的领导力盖子非常之高。仅在1955年到1959年期间,克拉克就成功开设了100家餐馆。又过了四年后,全美已经出现了500家麦当劳。如今,麦当劳公司在全球119个国家开设的餐馆已经超过31 000家。领导力——更准确地说，是缺乏领导力——就像盖子一样限制了麦当劳兄弟俩的办事效力。

## 缺乏领导力获得的成功

我相信，几乎每个人都可能获得成功。但我也相信，缺乏领导力的个人成功所产生的效力一定是非常有限的。跟优秀的领导者相比，一个缺乏领导力的人产生的影响力是微不足道的。如果你想要爬得更高，你就必须提升自己的领导力。如果你想对外界施加更大的影响，你就必须具备更大的影响力。你能够取得多大的成就，直接取决于你领导他人的能力。

---

如果你想要爬得更高，你就需要提升自己的领导力。如果你想对外界施加更大的影响，你就必须具备更大的影响力。

---

我可以用一幅图来说明我想要表达的意思。假设我们把成功分为10个级别，而你目前处于8级，这已经相当不错了，我觉得麦当劳兄弟俩就在这个级别上。我们再假设你的领导力非常有限，你根本就不在乎这个，而且也不想费劲儿把自己培养成一个领导者。你的领导力水平只能算是1级。那么，你的办事效力会如下图所示：

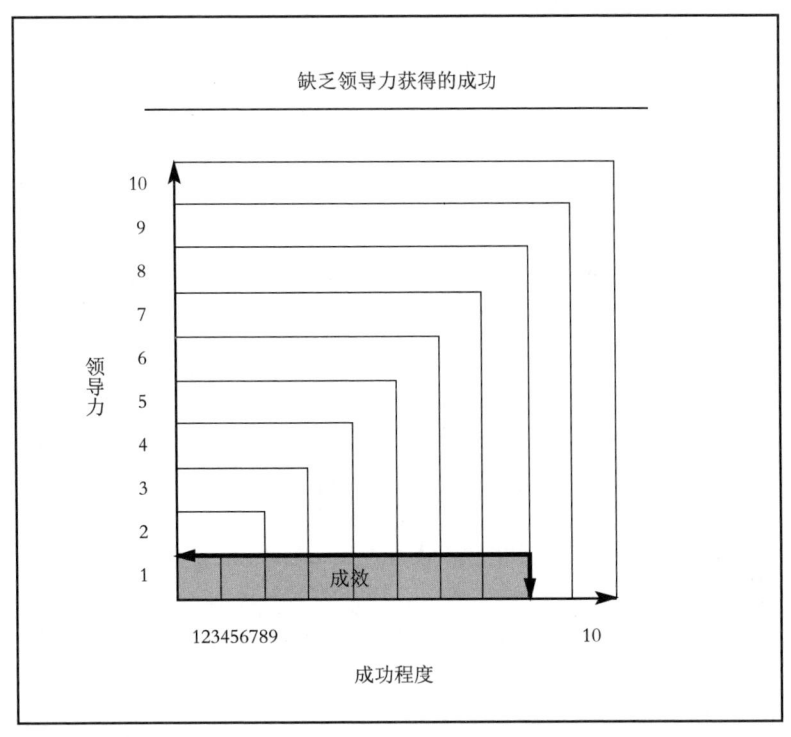

要想提升自己的办事效力,你有两种选择。你可以非常努力地工作,尽你所能提升自己的成功级别——努力达到10级。你的确有可能达到这个级别,但回报递减法则告诉我们:要完成这最后两个级别的跨越,你需要付出巨大的代价,这种代价甚至远远大于你从1级到8级的整个过程中所付出代价的总和。换句话说,为了提升这20%的办事效力,你可真得拼了命才行。

但是,你还有一个选择。你可以努力提高自己的领导力水平。我们假设你原来的领导力水平是4级——略低于平均水平。借助"上帝赋予你的某种天分",你已经把自己的办事效力提高了300%。现在,我们再做一个假设,假设你真的掌握了领导艺术,挖掘出了自己的最大潜力,从而把自己的领导力水平提升到了7级,那么,结果就会如下图所示:

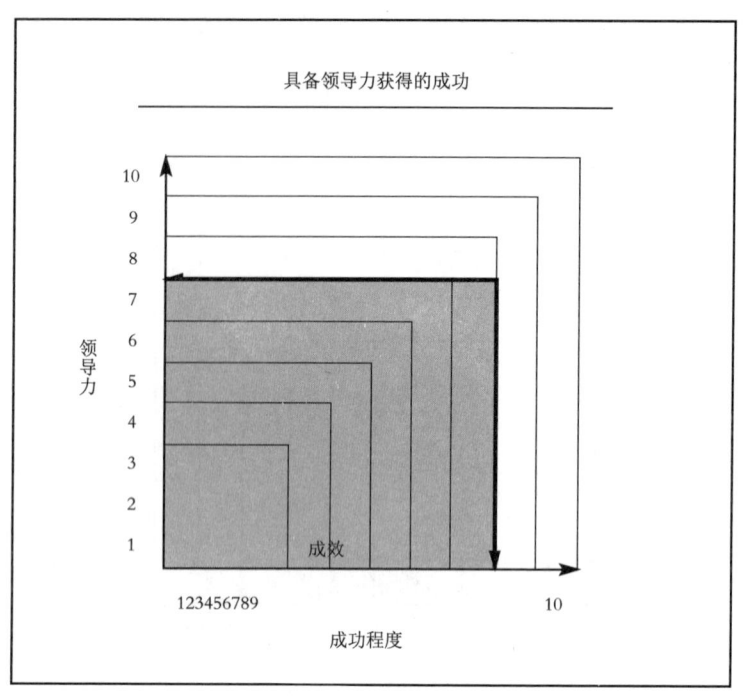

通过提高领导力，你根本不需要努力去追求成功，就可以让自己的办事效力跟最初相比有600%的提升。领导力的乘数效应由此可见一斑。在各种各样的商业组织和非营利机构中，我一次又一次见证过领导力产生的巨大影响。这也是我在过去的30年里一直致力于讲授领导力的原因所在。

## 要想改变一个组织的发展方向，那就换个领导人

　　领导力就像是一个盖子，它决定了一个人和一个组织的办事效力。如果一个人有很强的领导力，那么这个组织的盖子所处的位置就很高，组织的办事效力当然也就很高。反之，这个组织的办事效力就会非常有限。正因如此，当一个组织陷入困境遭遇困难时，就会很自然地想到要

去寻找一个新的领导人。同样的道理，当一个国家遇到危机时，就会选举一个新的总统；当一家公司出现亏损时，就会聘用一个新的首席执行官；当一座教堂深陷困境时，就会寻找一位新的牧师；当一支球队屡战屡败时，就要换一个新的主教练。

领导力和办事效力之间的这种关系可能在体育领域体现得最为明显，因为比赛的结果是即时的，而且一目了然。在职业化的体育组织内，对于一支队伍而言，人才通常不是问题，几乎每一支队伍里都不乏运动天才。真正的问题是领导力。这个问题始于队伍的老板，随后会延伸到教练组和几个核心的队员。如果一支运动队人才济济但却赢不了比赛，那就要看看是不是领导力出了问题。

---
个人和组织的办事效力与领导力成正比。

---

无论身处何处，你都会发现一些成功人士，他们虽然头脑聪明、才华横溢，但由于受到自身领导力水平的限制，在事业上已不可能更上一层楼。比如说，在20世纪70年代刚刚起步时，史蒂夫·沃兹尼亚克可谓是苹果电脑背后出谋划策的军师，但他的领导力比较低。然而，他的合伙人史蒂夫·乔布斯可就不一样了。由于乔布斯的盖子高高在上，所以他最终缔造出一个庞大的跨国企业，苹果也因此成了全球市值最高的公司。这就是盖子法则的巨大影响。

20世纪80年代，我曾与唐·史蒂芬森共进午餐，他是加州圣地亚哥全球酒店资源管理公司的董事会主席，他领导的是一家国际性的酒店咨询公司。席间我询问了一下他们公司的情况。咨询业务现在是他们的主业，但在当时，他的公司主要是接手一些经济效益不佳的酒店和度假村的管理工作，其中很多都是非常不错的酒店或度假村，比如位于南加州的拉科斯塔酒店。

唐对我说，每当他的人去接手一家机构时，他们首先会做两件事情。第一，培训所有的员工，提高他们的服务水平；第二，解雇原来的领导者。他的话当时让我很是吃惊。

"你们总是解雇他们的领导？"我问他，"每次都这样？"

"没错，每次都这样。"他回答说。

"你们不先跟那个人谈谈吗？看看他是不是一个好领导？"我又问。

"不谈，"他回答说，"如果他是一个好领导的话，那个机构就不会陷入困境了。"

当时我就想，当然没错，这就是盖子法则啊。要想达到效力的最大化，你就得想方设法把盖子推到更高的位置。

好消息是解雇原来的领导者并非唯一的办法。我在讲授领导力时会告诉大家有一个盖子，但我同时也会告诉大家：你可以把这个盖子推得更高——不过这就涉及另一个领导力法则了。

将

## 盖子法则

应用于你的生活

1.列出一些你希望达成的主要目标。（尽量聚焦到一些重大目标上——关注那些需要一年或者更长的时间去做的事情。至少列出5条，但也别超过10条。）然后确认哪些目标需要其他人的参与或者其他人的合作。在这些活动上，你的领导力将会极大地影响你的办事效力。

2.对你的领导力水平做一个自我评估。通过完成本书最后的领导力评估测试，了解你自己的基本领导力水平。

3.让别人给你的领导力水平打分。跟你的老板、配偶、两名同事（与你平级）以及三名受你领导的人谈谈你的领导力。让他们按照从1（低）到10（高）的评估标准，从以下几个方面分别给你打分：

- 人际交往能力
- 规划能力和战略思维
- 远见卓识
- 业绩

算出所有人所打分数的平均值，然后与你自评的分数作一个对比。根据这些分数来看，你的领导力水平比自己想象的要高还是要低？如果你的自评分数与他人给你打出的分数相距很大，你觉得是什么原因造成的？你有多大的意愿去提升自己的领导力水平？

# 2.影响力法则

## 衡量领导力的真正尺度是影响力

领导者看上去是什么样子的？他们总是拥有强大的气场吗？他们总是魅力超凡吗？他们总能留给别人深刻的印象吗？此外，你如何去衡量一个领导者的办事效力呢？如果让两个人肩并肩站在一起，你能够立刻就分辨出谁是更佳的领导者人选吗？在过去的数百年里，人们一直都被这些问题所困扰。

她是20世纪晚期最杰出的领袖之一，可是，她留给人们的第一印象无论如何都谈不上深刻。当大多数人想到特蕾莎修女时，他们的脑海中浮现出的是一个柔弱、瘦小的女子，一个致力于服务"穷人中的穷人"的女子。如果仅从外表来看，她的形象就是如此，但这并不妨碍她成为一名伟大的领袖。我之所以这么说是因为她对别人产生了不可思议的巨大影响。如果没有影响力，你永远也不可能去领导别人。

### 小身材，大影响

编辑《一条简单的道路》（*The Simple Path*）一书的过程中，宗教作家露辛达·瓦尔迪曾与特蕾莎修女共事，她是这样描述特蕾莎修女的："一个典型的、精力充沛的创业者，她察觉到了某种需求并且为满足这种需求采取了必要的行动，她克服重重困难建立了一个组织，制定了组织的章程，并在世界各地设立了众多的分支机构。"

---

> 如果没有影响力，你永远也不可能去领导别人。

---

特蕾莎修女建立并领导的组织名为"仁爱传教修女会"。当天主教会的其他修道会日渐衰退时，"仁爱传教修女会"却发展迅速，在她有生之年就拥有了4000多名会员（这还不包括为数众多的志愿者）。在她的指引下，她的追随者服务的区域遍及五大洲的25个国家。仅在印度的加尔各答，她就建立了一家孤儿院、一个麻风病患者疗养中心、一个收留临终患者和赤贫人群的收容所，以及一个为肺结核患者和精神病患者提供救助的家园。只有真正的领导者才能在组织建设方面取得如此非凡的成就。

特蕾莎修女的影响绝非仅仅局限于她自己力所能及的范围。来自各行各业、世界各地的人们都对她心怀敬意，在她讲话的时候，人们都会洗耳恭听。曾担任过总统演讲撰稿人的作家佩吉·诺南描写过特蕾莎修女1994年在全美祈祷早餐会上发表演讲时的情形。下面的这段文字足以说明特蕾莎修女的影响力是多么巨大：

华盛顿的达官显贵当时都在场，此外还有几千名有过重生经历的基督教徒、东正教徒和犹太教徒。特蕾莎修女谈到了上帝、爱和家庭。她说我们必须相互关爱、彼此呵护。很多人都对她的话表示赞同。

但随着演讲的继续，她的话变得越来越尖锐了。她谈到了养老院里闷闷不乐的父母，说他们"非常伤心，因为自己被别人遗忘了"。她问大家："我们是否心甘情愿地付出，为了跟我们的家人在一起，还是把自己的利益放在首位？"

在座的不少人是婴儿潮一代，他们开始坐不住了。特蕾莎修女还在继续往下说："在我看来，破坏当前和平局势的最大因素就是堕胎。"随后她用毫不妥协的语气向大家阐述了自己的理由。当时现场一片寂静，大约两秒之后，雷鸣般的掌声响彻全场。不过，并不是每个人都在鼓掌，总统和第一夫人（比尔·克林顿和希拉里·克林顿）、副总统及其夫人（戈尔夫妇）看上去都像是杜莎夫人蜡像馆的坐像，一动不动。特蕾莎修女依然没有就此打住。当演讲结束的时候，她几乎把在场的每一个人都得罪光了。

在当时，如果说出那些话的是另外一个人，不管是谁，听众肯定会表达出自己的敌意。他们会发出嘘声，会嘲讽打岔，甚至会变得怒不可遏，愤而离席。可演讲者是特蕾莎修女，她可能是当时全世界最受尊敬的人。所以每个人都得听她把话说完，尽管他们中的很多人强烈反对她的观点。事实上，特蕾莎修女每次讲话的时候，人们都会认真聆听。为什么？因为她是一名真正的领导者，当一名真正的领导者发言时，人们就会洗耳恭听。领导力的本质恰恰就是影响力。

## 领导力不是……

人们经常对领导力产生误解。如果某人有个很响亮的头衔或者被任命担任某个领导职位,人们就会想当然地认为那个人就是领导者。有时候,事实倒也的确如此。不过,谈到领导力,头衔其实并没有太大意义。

真正的领导地位是无法被授予、指派或委任的。因为真正的领导力来自一个人的影响力,而影响力是无法被委任的,必须靠自己去赢得。头衔能够带来的唯一东西就是一点点的时间——你可以利用这点时间去提升自己的影响力,但也可能在这段时间内让原有的影响力丧失殆尽。

## 有关领导力的五大误解

对于领导者和领导力,人们抱有很多错误的概念和观点,以下就是常见的五大误解:

### 1.管理者就是领导者

有一种普遍的误解认为:领导和管理就是一码事儿。直到几年前,很多号称谈论领导力的图书实际上往往讲的是管理。两者之间的主要区别在于:领导指的是影响他人,让他人追随自己,而管理关注的焦点是维持既定的系统和流程。曾任克莱斯勒汽车公司董事会主席兼首席执行官的李·艾科卡说过一句颇具讽刺意味的话:"有时候,即便是最出色的经理人也像是一个牵着大狗的小孩子，他会等着看大狗想去哪里，然后就能把它带到那里。"

要检验一个人是否具有领导能力而不仅仅是一个管理者，最好的办法就是让他去营造一种积极的改变。管理者能够把握既定的前进方向，但却无法改变这个方向。系统和流程只能做到这样。要想把人们带往新的方向，你得具备影响力才行。

**2.企业家就是领导者**

人们往往会认为凡是企业家都是领导者，但事实上并非如此。企业家们擅长的是发现机会和抓住机会。他们能够看到潜在的需求，并且知道如何在满足这些需求的同时实现盈利。然而，并非所有的企业家都善于跟人打交道。很多企业家都觉得自己需要找到一个精于人际关系的合作伙伴，以便弥补自身的不足。如果他们无法影响别人，也就无法领导别人。

**3.知识渊博的人就是领导者**

弗朗西斯·培根爵士曾经说过："知识就是力量。"如果你相信知识对于领导力来说至关重要，那你很可能会认为掌握知识的人或者智商高的人就是领导者。这种想法其实未必正确。只要去任何一所名牌大学拜访，你都能遇到才华横溢的科学家和哲学家，他们的思考能力好得超乎你的想象，但他们的领导能力却低得惊人。由此可见，无论是智商还是受教育程度都不能跟领导力画等号。

**4.引领潮流的人就是领导者**

另一个误解认为：谁走在队伍的最前面，谁就是领导者。可是，第一名未必就是领导者。举例来说，埃德蒙·希拉里爵士是第一个登顶珠穆朗玛峰的人。他在1953年完成了这一历史性的壮举，从那以后，数百人"追随"着他的脚步登顶珠峰。然而，这一切并不意味着希拉里就是一名领导者。在他登顶珠峰的时候，那次探险活动的官方领队甚至都不是他，而是约翰·亨特。1958年，希拉里参加了英联邦的横越南极洲远征，并最终抵达了南极点，当时与他同行的是另一名领导者——卫维恩·福斯爵士。要成为领导者，一个人不仅要走在前面，还要有人愿意跟着他走，愿意服从他的领导，并且愿意采取行动去实现他描绘的愿景。做一个弄潮儿跟成为一名领导者可不是一回事儿。

**5.位高权重的人就是领导者**

前面已经提到，有关领导力的最大误解就是，人们认为领导力是建立在职位基础上的，但事实并非如此。想想几年前发生在科戴安特传播集团的事情吧。这家著名广告代理公司的前身是萨奇广告公司。1994年，萨奇的机构投资者迫使董事会解雇了公司的首席执行官莫里斯·萨奇。结果如何呢？数名高管都跟着莫斯利离开了公司，公司的很多大客户也随即终止了合作，其中就包括英国航空公司和马氏糖果公司。莫里斯的影响力是如此之大，他的离开竟然造成公司的股价迅速从8.675美元降到了4美元。这一切正是影响力法则导致的结果。莫里斯失去了他的头衔和职位，但他依然是一个领导者。史丹利·哈夫迪曾经断言："不是职位造就了领导者，而是领导者造就了职位。"

## 谁才是真正的领导者

很多年前，美国有一档很火的电视游戏节目叫作《说出真相》(*To Tell the Truth*)。游戏的规则是这样的：游戏一开始，会有三个人站到台上，他们都会声称自己是某个人。其中只有一个人说的是真话，其余两个人都是演员。一个由名人组成的评判小组会轮流向台上的三个人发问，时间到了以后，每一名评委都要猜一猜到底哪个人说的是真话。节目中的演员都伪装得非常好，以至于经常能够骗过所有的评委以及现场的观众。

相对而言，要确认一个人是不是真正的领导者就容易多了。如果有人声称自己是领导者，不要听他说什么，也不看他的资格证书，不核验他的头衔，你唯一要做的就是看看他的影响力到底如何。领导力只有在追随者那里才能得到证明。

---

> 领导力只有在追随者那里才能得到证明。

---

我亲身体会到影响力法则是在大学毕业后开始第一份工作的时候。我完全符合那份工作的任职条件。我拥有正规的大学文凭；在父亲的悉心教导下，我已经对那份工作有了比较深刻的洞见；我也的确在组织中担任过领导职务，拥有正式的头衔。这一切都让我的简历看起来光彩照人，但却无法让我成为一名真正的领导者。在第一次召开董事会议时，我很快就发现了谁才是真正的领导者——一个名叫克劳德的农场主。他发言的时候，人们都会洗耳恭听。他提出建议时，人们都会表示尊重。

当他领头的时候，其他人都会心甘情愿地追随他。如果我想影响大家，就必须先去影响克劳德，然后靠他去影响其他人。影响力法则就是这样发挥作用的。

## 领导力是……

衡量领导力的真正尺度只能是影响力，不可能是其他的任何因素。正如英国前首相玛格丽特·撒切尔所言："权力就像淑女，如果你必须告诉人家自己是淑女，那你肯定不是。"在生活的各个层面，如果你仔细观察人与人之间的互动，你就会发现，总有一些人是在引领别人，也总有一些人是在追随别人。此外你还会发现，职位和头衔并不能决定谁才是真正的领导者。

既然如此，为什么有些人会成为领导者，而另一些人无论如何努力尝试也影响不了他人呢？我相信以下这些因素在其中发挥了重要的作用：

### 性格——他们是谁

真正的领导力往往源自一个人的内在。随着时间的流逝，像备受瞩目的摔跤巨星比利·格雷厄姆这样的人会吸引越来越多的追随者，这就是他的人格魅力。人们能够真切地感受到他性格中深层次的东西。

### 关系——他们认识谁

要想成为一个领导者，就必须得有人追随你才行，这往往需要你去发展一些人际关系——这种关系越密切，你的领导潜力就越大。在我的职业生涯中，每当走上新的领导岗位，我都会立即着手构建人际关系。只要能够认识恰当的人，并适时与他们建立起足够全面的人际关系，你就能够成为组织里真正的领导者。

### 知识——他们知道什么

信息对于领导者来说至关重要。你需要掌握事实，了解动态变化的因素和把握好采取行动的时机，同时还要对未来的发展有远见卓识。虽说仅仅掌握知识并不能让一个人成为领导者，但如果你知识匮乏，那铁定成不了领导者。每当加入一个新的组织，在试图去领导他人之前，我都会花费大量的时间去了解必要的信息，做好准备功课。

### 直觉——他们感受到了什么

领导者不仅要掌握把控数据的能力，还要具备应对众多无形因素的能力。事实上，这往往就是管理者和领导者之间的一个主要区别。领导者会试图去识别和影响一些无形的因素，比如精力、士气、时机以及动力。

### 经验——他们去过哪里

作为一名领导者，你在过去面临过的挑战越大，你目前的追随者愿意给你机会的可能性也就越大。虽然过往的经历不能确保你的可信度，但却能够激励人们给你一个机会去证明自己的能力。

### 过去的成就——他们做过什么

对于追随者来说，没有什么比良好的过往成绩更有说服力。我第一次担任领导职务时，没有什么业绩可言，当然也就无法借助过去取得的成就赢得人们的信任。可是，当我第二次走上领导岗位时，我已经有了一份良好的业绩记录。在以后的日子里，每次担任领导职务我都会竭尽全力，不惧风险，锐意进取，我取得的每一次成功都会让我的追随者们更加相信我的领导能力，并因此更愿意听从我的指挥。

### 能力——他们能做什么

对于追随者们来说，领导者的能力就是他们的底线。他们想要知道那个人能否带领团队走向成功的彼岸。人们愿意听你指挥，承认你是他们的领导者，最根本的原因就在这里。一旦他们不再相信你能够带领他们赢得最后的胜利，他们也就不会再听从你的指挥、追随你的脚步了。

### 不借助其他优势的领导力

我的好朋友比尔·海贝尔是一名牧师，也是伊利诺伊州南巴灵顿柳树湾社区教会的创办人，这个教会目前已是北美最大的教会之一。比尔的领导能力让我深感敬佩。在比尔看来，在整个社会中，教会是最倚重领导力的机构。我认识的很多商业人士听到这种说法都大为震惊，但我觉得比尔说的没错。那么，这种说法的依据是什么呢？在志愿者组织中，你根本不可能凭借职位去领导他人。这种组织的领导者没有什么优势可言。在其他组织中，处于领导岗位的人往往占据了巨大的优势。比如，在军队中，领导者可以利用军衔带来的级别优势，即便其他的手段都不管用了，领导者还可以把不服从命令的人关禁闭呢。在商业化的公司里，老板们的优势也是显而易见的，员工的薪水、福利和奖金都掌握在老板们手中。大部分的追随者都不会拿自己的生计开玩笑，一旦事关生计，员工们通常还是会乐意配合的。

> 所有影响力的本质都在于让别人参与其中。
> ——心理学家哈利·奥维斯特

然而，在志愿者组织中，领导力只会以最纯粹的形式出现，那就是：影响力。心理学家哈利·奥维斯特认为："所有影响力的本质都在于让别人参与其中。"在自发性的组织中，你不可能强迫组织的成员参加活动。如果领导者没有影响力，人们当然就不会追随。

最近我在一次会议上发表了演讲，台下的听众基本都是公司的总裁和首席执行官。当时有人向我请教，问我如何在他的组织中找出最优秀的领导者。我给他的建议是让所有的候选人去志愿者组织当半年的领导。如果候选人能够在没有其他优势的情况下让人们追随他——招募志愿者、为社区提供服务、与联合之路慈善组织合作等——那你就可以断定他们具备影响他人的能力。这一点足以证明他们的确是优秀的领导者。

## 从指挥官到二等兵再到总司令

我喜欢用故事来阐述影响力法则，其中一个故事跟亚伯拉罕·林肯有关。1832年，距离他成为总统还有几十年的时间，年轻的林肯组织了一群人参加黑鹰战争。在当时，自发组织队伍参加民兵组织的人，往往就被任命为该连队的领导者和指挥官，林肯也因此被授予了上尉军衔。可是，林肯遇到了一个棘手的问题。他根本不知道如何带兵打仗。此前他也没有过参军的经历，所以对战术也是一窍不通。他甚至连最简单的军事命令都记不住。

有一天,林肯带着几十个人在野外行军,他需要指挥他们穿过一道大门从一片原野进入另一片原野。可是,他根本做不到这一点。林肯后来回忆过当时的情形,他说:"我想让我的人从横队变为纵队,可绞尽脑汁也想不出合适的口令。最后,我们快走到大门口的时候,我大声喊道,'队伍解散,两分钟后在大门另一侧集合'。"

随着时间的推移,林肯在民兵组织中对他人的影响力实际上在逐渐减弱。其他军官都证明了自己的能力,得到了晋升,但林肯却开始走下坡路。起初他被任命为上尉,但这个头衔和职位并没有带给他什么好处。他根本无法摆脱影响力法则。到了服役后期,林肯终于找到了自己的位置,成为了一名二等兵。

> 那些自以为是领导,但却没有追随者的人,
> 只不过是在说大话罢了。

幸运的是,林肯最终还是克服了无法影响他人的弱点,这无疑也是美国的幸运。在伊利诺伊州议会以及在美国众议院任职期间,林肯同样做着平凡的工作,跟在军队服役时没有太大的区别。但随着时间的流逝、不懈的努力和人生阅历的增加,林肯最终成为了一个拥有巨大影响力的人,成为了美国最伟大的总统之一。

有一个关于领导力的谚语我很喜欢:"那些自以为是领导,但却没有追随者的人,只不过是在说大话罢了。"如果你无法影响他人,人们就不会追随你。如果没有人追随你,你就不是一个领导者,这就是影响力法则。不管别人是怎么说的,你要记住:衡量领导力的真正尺度只能是影响力,不可能是其他的任何因素。

## 将**影响力法则**应用于你的生活

1.本章中提到的五大误解中,你曾经有过哪几个?管理者就是领导者、企业家就是领导者、知识渊博的人就是领导者、引领潮流的人就是领导者还是位高权重的人就是领导者?你为什么会有这种误解?这说明到目前为止你对影响力的认知还存在哪些问题?为了能够在将来更有效地提升自己的领导力,你必须对自己当前的想法做哪些改变?

2.通常来说,你会依靠哪些因素说服他人听从你的指挥?就本章中提及的七大因素,按照从1到10的衡量尺度给自己打分(1分意味着你不依仗这个因素,10分意味着你要频繁依仗这个因素)。

- 性格——你是谁
- 关系——你认识谁
- 知识——你知道什么
- 直觉——你感受到了什么
- 经验——你去过哪里
- 过去的成就——你做过什么
- 能力——你能做什么

对于那些打分比较低的因素,你如何才能进一步优化或者更好地应用这些因素?

3.找一个组织，去里面当志愿者。选择一个你认可的地方或一件你认可的事情——比如说，学校、救济贫民和无家可归者的施济所，或者某个社区服务项目——为此投入精力和时间。如果你认为自己有领导能力，那就尝试去做一个领导者。在这个过程中，你会慢慢学会如何通过影响力去领导他人。

# 3.过程法则

## 领导力的提升是日积月累的结果,而非一日之功

1995年,101岁高龄的安妮·塞贝尔与世长辞。多年来她一直住在曼哈顿一间狭小、破旧的公寓里,那是政府特意为低收入者提供的廉价出租公寓,每个月的租金仅为400美元。由于年久失修,墙上的油漆都已经脱落,墙边的一排旧书架上也落满了灰尘。

塞贝尔退休前是国税局的审计员,1943年退休后一直靠领取社保和为数不多的退休金生活。她在国税局也没取得什么成就,更准确地说,是国税局没有公平对待她。她不仅拥有法律专业的文凭,而且工作也非常出色,可是,她一直也没有得到提拔。51岁退休时,她的年收入仅为3150美元。

本杰明·克拉克非常了解塞贝尔,在他看来,"她受到了极度不公平的对待。在生活中,她方方面面都只能靠自己。她过得真是很不容易"。

塞贝尔堪称勤俭节约的典范。她从来不舍得在自己身上花钱。原来的旧家具坏了她也不会去买新的。她甚至连报纸都不订,每个星期她会去一趟公共图书馆,因为在那里可以免费阅读《华尔街日报》。

## 意外之财

当纽约叶史瓦大学的校长诺曼·兰姆听说安妮·塞贝尔把所有的遗产都捐给了这所大学时，你可以想象他是多么惊讶，要知道，他从来没有听到过这位娇小的老妇人的名字，而且她也从未在这所大学上过学。

"当我看到遗嘱时，整个人都蒙了，那可真是一笔意外之财啊！"兰姆说，"这位女士一夜之间就成了传奇人物。"

安妮·塞贝尔留给叶史瓦大学的遗产价值高达2200万美元！

就是这样一位终身未婚的老妇人，竟然在退休后的50年里积累出八位数的巨额财富，她到底是怎么做到的呢？答案就是：她是一天一天积累出来的。

1943年从国税局退休时，安妮·塞贝尔已经有了5000美元的积蓄。她把那笔钱投进了股市。到了1950年，她从股市赚的钱已经够买1000股先灵葆雅公司的股票了，这1000股在当时的价值是10 000美元。她一直持有该股票，耐心地等待股票升值。到她去世的时候，仅她购入的1000股就已经经过多次拆分而变成了128 000股，总价值750万美元！

塞贝尔成功的秘诀就是：她一生的大部分时间都在积累财富。无论她的股票是涨是跌，她从没想过要把它们抛掉。她的脑海中从来就没有过这样的想法："我的财富积累已经结束了，现在是兑现的时候了。"她想的是放长线钓大鱼，而且是一条很长很长的线。每当获得红利时，她都用来买入更多的股票。分红的数额越来越大，她持有的股票数量也就越来越多。她花了一生的时间积累财富。当其他老人还在担心自己的财富会在辞世之前消耗殆尽时，她却成了活得越久就越富有的人。在理财这件事上，塞贝尔懂得并且运用了过程法则。

## 领导力就好比投资——它会不断增值

成为一名领导者跟在股市上成功投资有诸多相似之处。如果你幻想着自己能一夜暴富，那你是不会成功的。就领导力开发而言，不存在成功的"超短线交易员"。最重要的事情是你长时间内每天坚持做什么。我的朋友泰格·绍特认为："我们能够在每天的日程表上找到成功的秘诀。"如果你能够在领导力培养方面持续投资，让你的"资产"不断增值，随着时间的流逝，最终你的领导力必然会有显著的提升。从一个人的日程表中，你能够看出什么呢？做事的优先顺序、热情、能力、关系、态度、自律、眼光和影响力。看看一个人每天都在做什么，日复一日做什么，你就能知道他（她）是什么样的人，以及他（她）会成为什么样的人。

每当我发表有关领导力的演讲时，人们总是问我领导者是不是天生的。我也总是回答说："是啊，他们当然是天生的……迄今为止我还没见过不是生出来的领导者呢！你觉得他们还能通过其他的方式来到这个世界吗？"于是我们都笑了，随后，我会认真回答人们真正关心的问题——领导力究竟是不是一个人天生就具备和掌握的一种能力？

没错，某些人的确在某些方面比别人更有天赋。但领导能力是多种技能的集合体，其中的每一项技能几乎都是可以学会、可以提高的。只不过这个过程不会一夜之间就发生。领导力非常复杂，它涉及很多的方面：敬意、经验、感染力、人际交往能力、纪律性、远见、动力和时机——这个清单可以一直列下去。你肯定看出来了，与领导力相关的很多因素都是无形的。正因如此,造就一名高效的领导者才需要那么长时间的磨炼。也正因如此,直到50岁时我才开始真正对领导力的各个层面有所领悟。

## 领导者都是善于学习的人

领导力专家沃伦·本尼斯和伯特·纳努斯曾针对来自不同行业的90名杰出领导者做过一项研究,结果发现了成长和领导力之间的关系:"自我发展和不断提升自身的技能水平,这正是领导者与其追随者最本质的区别。"成功的领导者都是善于学习的人。这种学习过程是持续不断的,是自我约束和坚持不懈的结果。每一天的目标都必须是在前一天的基础上有所进步,比前一天做得更好一点。

> 自我发展和不断提升自身的技能水平,这正是领导者与其追随者最本质的区别。
> ——本尼斯和纳努斯

问题在于,大多数人都高估了结果的重要性,因而低估了过程的力量。我们只想找到快速解决问题的办法。我们都想得到安妮·塞贝尔积累了50年才得到的巨大财富,但我们希望只需50分钟就可以得到它。

不要误解我的意思。我也重视结果。它们是有效的催化剂。但是,如果你想不断进步,如果你想得到权力,那就要依仗过程了。考虑一下两者的区别吧:

| 结果 | 过程 |
|---|---|
| 促使你作决定 | 促使你不断进步 |
| 激励人 | 磨砺人 |
| 在于成绩记录 | 在于培养过程 |
| 挑战一个人 | 改变一个人 |
| 容易 | 困难 |

如果我们需要激励自己向前迈进，我会重视结果。如果我想要有所提高，那么我会参与过程，并且坚持不懈。

## 领导力提高的几个阶段

领导力提高的过程是怎么样的呢？对于每一个人来说都是不一样的。然而，不论你是否拥有领导天赋，你的成长和进步大概都会经历下面5个阶段。

### 阶段1：不知道你不知道

很多人不知道领导力的价值所在，有些人不知道领导力的重要性，还有一些人认为领导力只适用于少数人——身处公司高层的人。他们不知道因为自己不学习而错过了很多机会。一位大学校长曾经跟我说，只有很少一部分学生报名选修了学校的领导力课程。这恰恰证明了我的上述观点。为什么呢？只有少数人认为自己能当领导。如果他们明白领导力就是影响力，明白大多数人每天都在试图影响至少四个人，那么他们想要多学学这门课程的激情就会被点燃了。如果一个人不知道自己不知道，他就不会进步。

### 阶段2：知道自己需要知道

在人生的某个阶段，很多人虽然位居领导地位，环顾四周，却发现没有人追随自己。当这种情况发生的时候，我们意识到自己需要学习如何当一个领导者。当然，这可能就成为学习过程的起点了。英国前首相本杰明·迪斯累利曾说过一句至理名言："当意识到自己对事情一无所知时，你就向知识迈进了一步。"

我是在1969年初次走上领导岗位的时候意识到这一点的。我一直担任体育队的领队，并且在大学时期就担任学生会的主席，因此我早就觉得自己是一个领导了。可当我在现实社会中尝试去领导别人的时候，我发现了一个可怕的事实：处于领导的地位和当领导不是一回事。

> 当意识到自己对事情一无所知时，你就向知识迈进了一步。
>
> ——本杰明·迪斯累利

### 阶段3：知道自己不知道

在第一个领导岗位上，我挣扎着坚持了一段时间。说实话，我依靠的是绝对充沛的精力和自己拥有的那么一点感召力。但是后来，我终于意识到，领导力是我事业成功的关键所在。如果不提高自己的领导力，我的事业终将深陷泥潭，再也实现不了自己定下的目标。幸运的是，就在那时，我与成功动力有限公司的库尔特·坎普密尔一起吃了顿早饭，在餐桌上，他问了一个改变我一生的问题。

"约翰，"他问我，"你有什么个人发展规划？"

我支支吾吾说不上来,最后终于承认,我还没有人生规划。当天晚上,我的妻子玛格丽特和我一起决定节省开支,以便我可以参加库尔特提供的学习课程。这是有意识地向个人成长迈出的第一步。从那天起,直至今天,我一直坚持读书、听录音,去听有关领导力的讲座。

在偶遇库尔特的前后,我还有另一个主意:给自己所在行业的前十位杰出领导人写信,提出愿意花100美元(这对于当时的我来说可不是小数目)与他们见面谈话半小时,以便当面向他们请教一些问题。接下来的几年,玛格丽特和我把每次度假的地点都选在那些人所在的地区。假如有位住在克利夫兰的优秀领导人答应了我的请求,那一年我们就去克利夫兰度假,这样我就可以见到他。那些宝贵经验对我的帮助之大,难以言表。那些领导者与我分享的经验是在别处怎么也学不到的。

**阶段4:我知道,我成长,我发现**

当认识到自己能力的不足,开始每天训练、提高自己的能力,令人激动的事情就会发生。

几年前,我在丹佛给一群人讲授领导力时,注意到人群中有一个特别显眼的19岁青年,名叫布赖恩。几天里,我注意到他非常认真地做笔记,并且积极与别人交流。课间的时候我也和他谈过几次。当讲到过程法则时,我就叫布赖恩站起来与我对话,我希望在座的人都会认真倾听。

"布赖恩,我一直在注意观察你,"我说,"你如饥似渴的学习态度、对于进步的渴望都给我留下了很深刻的印象。我想要告诉你一个能改变你一生的秘诀。"整个听众席的人似乎都把身子向前探了探。

"我相信,在大约20年以后,你可以成为一位卓越的领导人。我想要告诫你的是,终身都要学习领导力。经常读书、听录音,坚持参加研讨会。每当看到一句至理名言或者是含义深刻的引语,都要记录下来,以备将来不时之需。

"这并不是一件容易的事情,"我说,"但在5年之后,当你的影响力逐渐增大时,你就能看到自己的进步。10年后,你将具有提高领导效率的能力。20年后,当你还只有39岁的时候,如果一直坚持学习,不断进步,那么别人很可能会让你教他们如何提高领导能力。有些人可能会感到惊奇。他们会面面相觑,然后说'他怎么忽然变得这么精明能干了?'

"布赖恩,"我总结说,"你可以成为杰出的领导者,但是这不是一天两天的事情。现在就开始为之努力吧。"这个建议对布赖恩有用,对于你也同样适用。今天就开始锻炼自己的领导力,有一天你会体会到过程法则的作用。

**阶段5:因为我知道**

在第四阶段,你可能已经是非常高效的领导者了,但你还是要仔细考虑自己做出的每一个决定。然而,到了第五阶段,你的领导力几乎变成下意识的行为了。

你拥有高度的直觉,这就是结果的惊人之处。但是取得这个结果的唯一途径就是遵守过程法则,付出相应的代价。

> 人生的成功秘诀就是时刻做好准备,等待机会到来。
>
> ——本杰明·迪斯累利

## 不经历风雨，怎能见彩虹

领导力的提升是日积月累的结果，决不会一蹴而就。这正是过程法则所阐明的事实。本杰明·迪斯累利坚信："人生成功的秘诀就是时刻做好准备，等待时机到来。"无论一个人的目标是什么，只要他能够做到严于律己、坚持不懈，就一定能为实现目标做好准备。

你在各行各业都能够看到过程法则带来的效果。拉里·伯德是被列入NBA名人堂的传奇球员，他之所以能成为一名出色的罚球手，是因为他每天早晨上学之前都会投500个球。狄摩西尼之所以能成为古希腊最伟大的演说家，是因为他坚持口含石子朗诵诗词，面对汹涌澎湃的海浪练习演讲——尽管天生就有语言障碍，但他最终还是做到了。你也需要具备同样的献身精神，要想成为一名出类拔萃的领导者，你必须每天都为之努力。

## 努力拼搏，奋斗不息

俗话说："冠军并不是在拳击场上成为冠军的——他们只是在那里得到了认可。"这句话一点不假。如果你想了解一个人是如何成为冠军的，就要去看看他的日常训练情况。前重量级拳王乔·弗雷泽曾经说过："你可以制订出一份拳击计划或者人生规划。可当比赛开始的时候，你就只能依仗自己的反应能力了。你所有的付出都会在赛场上得到体现。如果你曾在黎明前的暗夜里偷奸耍滑，那在拳击场里明亮的灯光下，你就要付出惨痛的代价。"拳击和领导力的发展过程非常相似，因为两者都需要日复一日的刻苦努力。即便是一个天赋异禀的人，为了获得成功，也必须时刻准备，勤加训练。

---

冠军并不是在拳击场上成为冠军的——他们只是在那里得到了认可。

---

西奥多·罗斯福总统是美国最伟大的领导者之一，他同时也是一个拳击迷。事实上，他最有名的一段话就是拿拳击来做比喻的——

真正令人尊敬的，既不是那些批评别人头头是道的人，也不是那些给强人指出过错、指点别人哪里可以做得更好的人。荣耀属于那些真正置身于竞技场的人；那些脸上沾满了尘土、汗水和鲜血的人；那些勇于拼搏的人；那些曾经犯下错误，并一再失败的人；那些满怀激情，埋头付出，将生命奉献于崇高事业的人。在理想的情况下，他们最终将为自己取得的伟大成就倍感自豪，如果不幸失败了，他们也虽败犹荣。那些既没赢得过胜利，也不懂得什么叫作失败的人，那些冷漠、胆怯的灵魂，是永远也无法与这些真正值得尊敬的人相提并论的。

罗斯福自己也是个拳击手，是绝对的实干家。他不仅是一位成功的领袖，也是历任美国总统中最耀眼的明星之一。英国历史学家休·布罗根是这样描述他的：罗斯福是自林肯以来执掌白宫的人中最精明能干的人；罗斯福是自杰克逊以来精力最旺盛的人；罗斯福是自约翰·昆西·亚当斯以来知识最渊博的人。

## 实干家

众所周知，罗斯福是一个不折不扣的实干家，他追求的是充满活力的生活方式。在白宫的时候，他就经常练习拳击和柔道，而且还挑战过马术和艰苦的长途远足。一位拜访过罗斯福的法国大使常常提起一段往事。他曾陪罗斯福总统在树林里散步，当时他们来到了一条小溪边，由于溪水太深，他们不可能徒步涉水而过，这时，罗斯福脱下了自己的衣服，并希望大使也能这么做，这样他们就能一起游到对岸去了。对于罗斯福来说，没有什么东西能够阻挡他前行的道路。

在人生的不同阶段，罗斯福好像都拥有无尽的热情和精力。他曾在西部当过牛仔，曾经是一名探险家，曾猎杀过大型野兽，在美西战争期间他更是毅然辞去文职，自己组建了一个骑兵团。1900年，作为副总统候选人，他做了673场演讲，而且还在全国各地旅行20 000英里帮麦金利总统拉票。卸任总统数年后，罗斯福在威斯康星州密尔沃基准备发表演讲时遭到理发店老板行刺。子弹击碎肋骨后进入胸腔，但罗斯福拒绝入院治疗，坚持完成了长达一个多小时的演说。

## 罗斯福起步很晚

罗斯福是美国有史以来最强悍的领导人之一——无论是身体上还是精神上都是如此。但一开始的时候他并不是这样的。这位牛仔总统出生在曼哈顿一个声名显赫的富裕家庭。罗斯福小时候体弱多病，不仅患有哮喘，而且视力极差，瘦得让人心疼。他的父母甚至不敢确定他能不能活下来。

12岁的时候，罗斯福的父亲告诉他说："你有头脑，但身体不好。如果没有强健的身体作为支撑，你的头脑就不可能充分发挥作用。你必须要练就一副好身体。"罗斯福做到了，他遵从了过程法则。

罗斯福开始每天都花时间锻炼身体，同时也在不断丰富自己的头脑，在随后的人生岁月里，他始终都是这么做的。他举哑铃，远足，滑冰，打猎，划船，骑马，而且还练拳击。后来，罗斯福曾对自己取得的进步作过评价，他承认自己小时候"紧张、胆小。但是"，他话锋一转，"我从自己所崇拜的偶像身上……从我父亲身上，看到了一种大无畏的精神，他们能够把握自己的命运，我特别崇拜他们，也非常想成为像他们那样的人。"当罗斯福从哈佛大学毕业时，他已经很像那些人了，他已经做好了叱咤政坛的准备。

## 成功不会一夜之间发生

罗斯福不是一夜之间就成为伟大领袖的，他的总统之路走得漫长而缓慢。在不同的工作岗位上，从纽约市警察局局长到美国总统，他一直都在学习，在不断进步。他始终都在提升自己的能力，并最终成为了强有力的领导者。这也进一步印证了罗斯福是过程法则的践行者。

罗斯福取得了一系列非凡的成就。在他的领导下，美国逐渐发展成一个世界强国。他帮助这个国家打造出了世界一流的海军；他确保了巴拿马运河成功建成；他调和了俄罗斯和日本之间的矛盾，并因此赢得了诺贝尔和平奖。他最初是因为麦金利总统被暗杀而继任总统职位的，当人们质疑他的领导能力时，他参加了总统竞选，并最终以前所未有的高得票率再次当选总统。

罗斯福始终都是一个实干家，1909年，在结束第二个总统任期后，他随即就在史密森学会的资助下带领一支科考队去了非洲。几年后的1913年，他作为队长之一，带领一支队伍奔赴巴西，开始考察一条未在地图上标注的河流。那是一次能够增长见识的探险活动，他说自己绝不能错过。他后来承认说："那是我最后一次当个男孩的机会。"当时他已经55岁了。

1919年1月6日，在他纽约的家中，西奥多·罗斯福在睡梦中停止了呼吸。当时的副总统马歇尔说："死神只能在睡梦中将他带走，如果罗斯福还醒着，他一定会和死神搏斗。"当人们把他从床上移走时，在他的枕头下面发现了一本书。直到生命的最后一刻，罗斯福还在努力学习，还在不断提升自己。他还在坚持实践过程法则。

如果你想成为一名领导者，好消息是你能够达到这个目标。每个人都有这个潜力，但这个目标不可能在一夜之间实现。它需要你坚持不懈地努力，而且你绝对不能忽视过程法则。领导力不是一天练成的，它需要你付出毕生的努力。

将

## 过程法则

应用于你的生活

1.你的个人发展规划是什么？如果你像库尔特·坎普密尔问我时那样，对于个人的发展还没有一个明确的规划，而只有一种模糊的意愿，那就制订一个计划吧。我建议你每个月读一本书，每周至少听一张CD、一盘磁带或者流媒体的文件，并且每年至少听一次讲座。提前选好材料，在你的日程表上留出用于个人成长进步的时间，然后立即行动起来。如果你觉得从零开始拟订计划比较困难，那不妨读读我写的另一本书《赢在今天》（*Today Matters*），里面有我用了很多年的个人发展规划。

2.卓越的领导者和优秀的领导者有一个本质的区别，那就是他们在自己的追随者身上投资的方式。正如你需要一个发展规划来提升自我一样，那些为你工作的人同样也需要。你可以组织员工一起读书，也可以邀请培训师来给大家讲课，为大家提供一对一的辅导——任何有效的形式都可以。把为员工提供成长机会当成自己的责任。

3.如果你是一家企业、一个组织或者一个部门的领导，你可以营造一种鼓励个人成长的文化。如果你影响力范围内的人知道你很重视个人的成长和领导力的提升，而且你会为此提供资源和予以奖励，他们一定会锐意进取，不断进步，最终的成效一定会让你大吃一惊。你所营造的环境也将会吸引到更多高素质、高潜力的人才。

# 4.导航法则

## 谁都可以掌舵，唯有领导者才能设定航线

1911年，两支探险队开始了一段难以想象的征程。虽然两支队伍采取了不同的战略和路线，但他们的队长都只有一个目的：要成为史上第一个到达南极的人。

他们的故事关乎生死，是导航法则的最好阐释。

一支队伍是由挪威探险家罗德·阿蒙森带领的。极具讽刺意味的是，阿蒙森本来并不是想去南极洲，他原来想成为第一个到达北极的人。但当他发现罗伯特·皮瑞已经捷足先登了，他就改变了目标，向地球的另一端进军。无论北极还是南极——他相信他的计划会有所收获的。

### 阿蒙森详细设定了航线

队伍出发之前，阿蒙森非常用心地制订了航行计划。他研究了爱斯基摩人和其他经验丰富的北极探险者的方法，决定让探险队采用狗拉雪橇来运输设备和物资。在挑选队员时，他选择了滑雪能手和能训练狗的人。他的策略非常简单，队伍每天走15–20英里，大约要6个小时，这期间体力活主要靠狗来完成。这样，在开始第二天的跋涉之前，人和狗每天都有足够的时间来休息。

阿蒙森的深谋远虑和对细节的把握能力是惊人的。他在预定路线沿路都设立了补给站，储存了供应物资。这样，他们就不必一路把所有物资都带在身边了。他还给每个队员都配上了最好的装备。

他最终获得了回报。他们在旅行中碰到的最严重问题，就是有个队员牙齿受到感染，最后拔了一颗牙。

### 斯科特违反了导航法则

另一支队伍是由罗伯特·法尔康·斯科特带领的。他是英国海军军官，之前在南极地区作过一些考察。斯科特的探险刚好和阿蒙森的形成鲜明对比。他不是用狗拉雪橇，而是用带发动机的雪橇和矮种马。开始征程第五天，雪橇上的电动机就停止了运转，他们的麻烦也从此开始。矮种马很不适应天寒地冻的天气，当他们到达横跨南极山脉的山脚时，不得不把所有的马都杀死。因此，队员自己要拉着200磅的雪橇。这是非常艰苦的工作。

斯科特对于队伍的其他装备也没有考虑周全。他们的服装设计得很不合理，以至于所有人都被冻伤了。有个队员每天早上要花一小时才能把肿胀、坏疽的脚穿进鞋子里去。由于斯科特准备的护目镜不合适，大家都得了雪盲症。最糟糕的问题是，考察队没有足够的食物和水，这同样是由于斯科特的计划不当。斯科特设立的补给站物资不足，彼此距离太远，而且往往没有明显标志，他们很难找到。由于能化雪的燃料总是不够，每个人都开始脱水。雪上加霜的是，斯科特在最后关头决定再带上第五个人，尽管他们只准备了四个人的供应量。

1912年1月17日，经过长达10周的艰苦跋涉，走过了800英里之后，斯科特的队伍筋疲力尽，终于到达了南极。在那里，他们看到了迎风飘扬的挪威国旗，还有阿蒙森给他们的一封信。另一支领导有方的队伍战胜了他们，前一个月就已经到达南极！

## 如果不遵循导航法则

斯科特的例子是领导者无法正确指引团队的典型案例。然而回来的旅程更加艰难。斯科特和他的队员饥肠辘辘，有的还得了坏血病，可是斯科特没有能力带领队员走到最后，他完全忽视了队员的悲惨处境。随着时间越来越少，食物供应少得可怜，斯科特却坚持要收集30磅的地质标本带回来——给筋疲力尽的队员再一次增加了负担。

考察队的行进速度越来越慢。其中一个队员陷入昏迷状态，最后死去。另一个名叫劳伦斯·奥茨的队员，原来是一位陆军军官，本来是随行照料那些马匹的。由于冻伤太严重，他什么事情也干不了。因为觉得自己危及整个队伍的生存，他故意走进了暴风雪之中，以便自己不再耽误队伍前行。在他离开帐篷向暴风雪走去之前，他说："我准备走到外面去。我迟早都要走出去的。"

斯科特和他剩余的两名队友只往北走了一小段距离，最后只有放弃了。返程已经走了两个月，而他们离大本营还有150英里。他们死在了那里。我们之所以能知道他们的故事，是因为他们在最后几个小时更新了日志。斯科特最后说的几句话是："我们会像绅士一样死去。我想这也说明我们的民族并没有失去勇气和毅力。"斯科特有勇气，但他缺乏领导力。由于未能遵循导航法则，他和同伴因此丧生。

> 由于未能遵循导航法则，他和同伴因此丧生。

追随者需要能够正确指引他们的领导者。当他们遇到生死攸关的情况时，这种必要性就更显而易见了。事实上，任何人都可以驾船掌舵，但唯有领导者才能设定航线。

这就是导航法则。

## 航海家对整个航行心中有数

通用电气前总裁杰克·韦尔奇曾经说过："一个好的领导要专心致志……把握方向比被方向把握要好。"韦尔奇说得没错，但是导航者比那些控制航行方向的人做得更多。在他们离岸之前，整个航行就已经成竹在胸了。他们能看到目的地，知道欲到达目的地需要做些什么，他们也清楚要获得成功，需要什么样的人加入团队，而且他们在困难浮出水面之前就能预见困难的存在。《你本该成为领导者》(*Be the Leader You Were Meant to Be*)的作者雷洛伊·艾姆斯写道："领导者就是看得比别人多、看得比别人远、在别人看到之前看到的人。"

组织越大，领导者就越需要把前路看清楚。这是因为规模越大，在中途改变会更困难。况且，如果在导航中出现问题，会使更多的人受到影响。1997年在詹姆斯·卡梅隆导演的电影《泰坦尼克号》中发生的悲剧就是一个很好的例证。船员眺望的距离不够远，因而无法避开冰山，而当他们看到了冰山，却由于船体太大，他们又无法及时将船调整航向。结果，1000多人葬身大海。

---

领导者就是看得比别人多、看得比别人远、在别人看到之前看到的人。

——雷洛伊·艾姆斯

---

## 领导者往哪里去……

一流的导航者心里都很清楚，其他人依赖于他们以及他们设定航线的能力。我在詹姆斯·A.奥崔写的《人生与工作：一位经理对于意义的追寻》(*Life and Work: A Manager's Search for Meaning*)一书中读到过他对此问题的观点。他说，有时你会听到四架军用飞机列队飞行时发生事故。四架飞机一起坠毁的原因就是：当四架喷气式飞机列队飞行时，其中一个飞行员——也就是领队——将决定这个团队的飞行方向。另外三架飞机与领队并排飞行，观察并且跟从领队飞行的方向。无论他如何行动，团队的其他成员都会跟在他后面。无论他是直冲云霄还是坠毁山巅，都是如此。

优秀的领导者在带领人们起程前，为了使征程尽可能取得成功，总会先仔细考虑一遍整个过程。

### 导航者会依靠过去的经验

如果愿意，过去你所经历的每一次成功和失败都可以成为信息和智慧的宝库。成功让你明白自己擅长做什么，使你充满自信。而失败可以让你懂得更多。失败可以说明你计划错误、性格缺陷、判断失误或者办事手段不高明等问题。带有讽刺意味的是，很多人憎恶失败，因此把失败掩盖起来而不是分析失败、从中学习。正如我在《转败为胜》（*Failing Forward*）一书中所说的，如果不能从错误中不断总结经验，你将一次又一次遭遇失败。

我为什么还要提到这么基本的东西呢？因为很多天生的领导者都是行动主义者。他们往往会向前看——而不是向后看——作决定，然后继续前进。我之所以懂得这一点是因为我自己也有这种倾向。如果领导者要成为优秀的引路人，就必须花时间对过去的经历进行反思，并且从中学习。鉴于此，我提出了反思原则。在这方面，我在《改变思维改变人生》（*Thinking for a Change*）一书中有详细论述。请允许我在这里列举一些反思带来的益处。反思能够——

- 给你提供真正的启示
- 让你的思想感情具有完整性
- 让你在作决策时更加自信
- 让你看清全局
- 让你获得宝贵经验，并使之成为难得的经历

在领导者为团队或组织做出下一步决策时，上述每一条益处都能起到很大作用。

**导航者在作承诺前会考察各种情况**

依靠经验表示向内看，考察情况表示向外看。没有哪一位优秀领导者会在不仔细考虑当时情况的条件下制订行动计划，这就好比迎着潮水航行或者将船引向飓风。出色的航海家在为自己和他人做出承诺之前都

会考虑到后果。他们不仅考虑到可测因素，比如资金、资源和人力，还会考虑到无形因素，比如时机选择、人员士气、发展势头、文化以及其他因素（我在"时机法则"一章中会对此加以论述）。

**导航者会听从他人的意见**

不论你从过去学到了多少，对于现在的你来说都是不够的。无论你是多么优秀的领导者，你也不可能知道所有问题的答案。因此，顶尖的航海家都会从各个方面收集信息。比如说，在罗德·阿蒙森去南极探险之前，他从加拿大的一群印第安人那里学到了关于保暖衣物的知识和在北极的求生技巧。这些技能和经验对于他在南极的成败至关重要。

设定航线的领导者会广泛收集信息。他们会听从领导团队中其他人的意见；会与自己组织中的成员交谈，了解基层的情况；还会与组织之外的其他领导进行交流，获得一些启迪。他们思考问题的时候会依赖整个团队，而不仅仅是特立独行。

---

不论你从过去学到了多少，对于现在的你来说都是不够的。

---

**导航者会确定自己的结论是信念与事实的结合**

要成功地为他人指引方向，领导者必须要有积极的态度。你必须要相信，你能够指引人们勇往直前。如果你在心里对完成航行并不是胸有成竹，那么在现实生活中你也不会获得成功。

另一方面，你也必须从现实出发，认清事实。如果忽视了困难，对挑战不以为然，那么你还是不能成功地领导别人。如果一开始不是睁开双眼，洞察一切，那么你就会缺乏防备，两眼一抹黑。正如伊桑班迪联合公司的总裁比尔·伊桑所说的："现实的领导者能够客观地看问题，减少幻想。他们深知，自欺欺人只能毁掉自己的希望。"

吉姆·科林斯在《从优秀到卓越》（*Good to Great*）一书中肯定了信念与事实之间达到平衡的重要性。他称之为"斯托克代尔悖论"。他写道："你必须坚信自己能够获得最后的胜利，同时，你又必须面对现实中最严酷的事实。"在乐观主义与现实主义、直觉与计划、信念与事实之间找到平衡是非常困难的，但是要成为优秀的导航者就必须做到这一点。

---

> 在乐观主义与现实主义、直觉与计划、信念与事实之间找到平衡是非常困难的，但是要成为优秀的导航者就必须做到这一点。

---

## 导航的教训

我还记得自己第一次真正明白导航法则重要性的情形。当时我28岁，领导着牧师生涯中第二个教会。在我1972年到达之前，该教会已经连续10年平稳发展，到了1975年，出席的会众已经从400人增加到1000多人。我深知，我们能够保持发展，进而帮助更多的人，但前提是要建一座新的会堂。

庆幸的是，我已经有一些领导建筑工程的经验，因为我曾带领第一个教会经历这一过程。但是问题在于，第一个教会的建筑工程比这个工程要小得多。这个工程将是耗资几百万的大工程，是第一个工程的20倍以上。而这还不是最大的障碍。

> 如果一个领导者不能带领人们冲过急流险滩，那么他可能会让船沉入海底。

就在我成为该教会的领导人之前，教会已经就另一个扩大建设的计划进行过激烈讨论，由于意见不一，大家唇枪舌剑，言辞激烈。鉴于此，我深知自己将经历对我领导地位的初次挑战。前方是急流险滩，作为一名领导者，如果我不能够掌握好航向，将会使船沉入海底。

## 掌握导航策略，设定航行路线

应该承认，我并不是一个强有力的导航者。我不喜欢深入考虑细节，而且往往意气用事——有时候决定得太快，这对于自己没什么好处。在过去的15-20年间，为了弥补自己的不足，我常常雇用一些具有优秀导航能力的领导者来帮助管理我的组织。比如说，在我当教会领导的许多年里，丹·瑞兰一直担任我的执行牧师。他是一位优秀的领导者。现在，在我1975年创建的非营利组织EQUIP中，约翰·赫尔担任着主管，他也是一位出色的领路人。然而，在1975年，我只有自己承担所有的领导职责。为了做好该项工作，我想出了一个策略。在以后的领导生涯中，我反复用到这个策略。为了将这一策略铭记于心，我写了一首小诗，按照"预先计划"（PLAN AHEAD）的9个字母来写：

预先制订行动计划（Predetermine a course of action）

列出目标（Lay out your goals）

设定优先次序（Adjust your priorities）

告知关键人物（Notify key personnel）

预留时间征得同意（Allow time for acceptance）

开始行动（Head into action）

预测将会出现的问题（Expect problems）

始终明白成功的方向（Always point to the successes）

每日对计划进行回顾（Daily review your plan）

当我准备对组织作这次大的调整时，小诗成为我的行动纲领。应该采取什么行动，我是心中有数的。如果我们要持续发展下去，就需要建一座新的会堂。我已经考虑过其他任何的可能性，知道这是我们唯一可行的选择。我的目标是，设计并且建造一座新会堂，10年还清借款，团结所有的人参与其中——这可不是一桩小事。

我提出的任何方案都必须在教民大会上投票通过。因此，几个月前我就拟订了一个计划，以便有充足的时间来做准备。我做的下一件事情就是让董事会成员和几个重要的财务负责人对于教会20年的发展和财务情况作了一个分析，包括对前10年情况的回顾和后10年的预测。基于该分析，我们得出了该项工程的必备条件。

接着，我们制定了下一个10年的预算方案，详细说明我们将如何理财。我还让他们将我们收集的所有信息汇合成一个长达20页的报告，分发到每一个教会成员的手里。我明白，一个成功的方案遇到的最大阻碍就是：对改革的恐惧、无知，对未来的不确定以及想象力的缺乏。我将尽一切所能防止这些因素来阻挡我们的道路。

> 一个成功的方案遇到的最大阻碍就是：对改革的恐惧、无知，对未来的不确定以及想象力的缺乏。

我做的下一步工作就是通知主要领导人。首先是最有影响力的那些人，我和他们每个人单独谈话或者几个人一起谈话，跟他们描述我们必须完成的工作蓝图，并且即席回答他们的提问。如果我感觉到其中某个人对于计划心存疑虑，我就会再次约他单独见面。接着，我给这些主要领导人留出一些时间，好让他们去影响其他人并且帮助其他人接受即将到来的变化。

等到开教民大会的时候，我们已经做好准备将计划付诸实施了。我用了两个小时的时间向大家介绍整个工程，并且把长达20页的报告发给大家，其中包括建筑平面图、财务分析和预算。在大家有机会提问之前，我就试着把他们可能问到的问题都回答了一遍。我还让会众中最有影响力的那些人发言。

我已经做好了遭遇反对意见的准备。可是当我让大家提问时，大吃一惊。他们只问了两个问题：一个人想知道大楼的饮水器准备放在什么地方；另一个想知道洗手间的数量。这时候，我知道我们已经成功渡过了险滩。随后，教会最有影响力的信徒提议大家对提案进行表决。而我早已安排一位原先反对建堂的领导者举手附议。投票结果出来了，98%的人赞成提案。

一旦渡过了这段艰难航程，剩下的就顺风顺水了。我坚持把好消息告诉大家，让他们了解工程进度，确保成功的好消息能够家喻户晓。我定期检查方案和工程进度，以便一步步按照计划来进行。航海路线已经确定，现在我们能做的就是掌好船舵。

对我来说，这是一次受益良多的经历。我发现，导航法则的秘诀就在于事先准备，这比任何其他因素都重要。如果你准备充分，人们就会对你有信心，信任你。而缺乏准备的后果则刚好相反。最后，决定一个方案能否被接受，能否得到支持、获得成功的因素不是方案的规模大小，而是领导者能力的大小。正是鉴于此，我才认为任何人都能驾船掌舵，但只有领导者才能设定航线。善于引领方向的领导者有能力把人们带往任何目的地。

---

> 最后，决定一个方案能否被接受，能否得到支持、获得成功的因素不是方案的规模大小，而是领导者能力的大小。

---

将

## 导航法则

应用于你的生活

1.你有没有养成习惯，经常反思自己失败和成功的经历？如果没有，那你就失去了从中获得启示的机会。以下两件事要做到其一：要么每星期空出一定时间来自我反省、回顾自己的日程表或者日记来唤起记忆；要么在每次重大的成功或者失败的经历之后都作一次深刻的反省，并且记下在这个过程中所学习到的东西。

2.具有导航能力的领导者会做准备工作。对于你目前负责的某个项目或者主要任务，你可以借鉴之前的工作经验，与专家或者团队成员进行有目的性的谈话，从他们那里获得相关信息，同时还要考察当前可能会影响项目成功的各项条件。只有在完成这些步骤之后，你才能制订行动计划。

3.现实与信念——你更倾向于哪个方面？很少有领导者兼具这两方面的才能（我自己是有信念的。我是个理想主义者，相信世上没有办不到的事情。我常常靠着我的兄弟拉里来帮助我作一些现实方面的思考），但是好的导航者必须两者兼具。

为了成功应用导航法则，你还必须知道自己的偏好。如果对此不是很肯定，那就去问问信得过的朋友或者同事。然后你要确保在团队里有一个与你的偏好截然相反的人，这样你们才能共事合作。

# 5.增值法则

## 领导者为他人提升价值

当今世界，许多政要享有权力和特权，大公司的总裁们享受着高收入，在奢华的环境中工作、生活，他们最关心的似乎就是工作能给他们带来多少好处。在这样的世界里，吉姆·辛内加尔仿佛成了一个另类。

辛内加尔是Costco的总裁，也是该公司共同创始人之一。Costco是全美第四大零售商，在全世界排名第九。辛内加尔似乎对铺张的门面不怎么感兴趣。他在一间毫不起眼的办公室办公，里面摆着折叠式的办公桌椅。如果邀请别人来公司会面，就会在公司的大厅接待客人。他自己接电话。一年的薪金只有35万美元，是大公司总裁收入排行榜倒数10%中的一员。

辛内加尔成为公司领导人的发展道路也并不典型。他没有在常春藤名校上过学，也不是律师或者注册会计师。十几岁的时候，他曾经想过要当一名医生，但是高中时候成绩并不很理想，所以进了一所社区学院，得到了大专文凭。在圣地亚哥州立学院上学期间，他帮助一个朋友在当地新开的一家名叫费德玛商场的零售商店销售床垫。干了一天之后，这就成为他经常性的工作了。后来，他得到了升迁，就从学校退了学。他找到了自己的事业。很快，他还找到了一位良师，那就是费德玛商场的董事长索尔·普赖斯。在普赖斯的指点下，辛内加尔上升到了执行副总裁的职位，专门负责销售。后来，辛内加尔帮助普赖斯建立了普赖斯俱乐部，之后又与杰弗里·H.布罗特曼于1983年共同成立了Costco公司。Costco发展迅速，10年后收购了普赖斯俱乐部。

## 提升价值 增加利润

零售业专家们对于辛内加尔的成功模式给予了极大关注：提供有限种类的商品；依靠薄利多销；不花钱作广告宣传。但是有一个因素将他与其他采用类似策略的商家区别开来，那就是他对员工的态度。他相信，应该给员工提供优厚的工资待遇和良好的福利。

Costco的员工工资比其竞争者的员工工资平均高出42%，并且Costco的员工只需要支付占国家平均水平一小部分的医疗保险金，其他部分由公司支付。辛内加尔相信一点，只要你对员工好，"你就会拥有高素质的员工和较高的生产力"，还能够赢得员工的一片忠心。迄今为止，Costco的员工流动率在零售行业是最低的。

然而辛内加尔提升员工价值的领导风格不只体现在员工的薪金上。他竭尽全力向Costco的雇员们表示关怀。他对每一个人都开诚布公。他戴着员工名牌，与每个人直接以名字相称，每一年，他都要去每家Costco店铺至少拜访一次。

"在任何行业，如果老板对他们不感兴趣，不去看望他们，没有一个经理和员工会心情愉快。"辛内加尔说。当他出现的时候，员工们往往都很乐意看到他。"员工们知道我想跟他们表示问候，因为我喜欢他们。"

辛内加尔竭尽所能向员工表示关怀。有一次，听说一位Costco的经理做了紧急外科手术住院，他就从得克萨斯飞到旧金山地区去探病。

对那位经理来说,这并不值得大惊小怪,因为这是辛内加尔一贯的领导作风。

## 早期学到的领导经验

辛内加尔曾经的导师索尔·普赖斯说过:"吉姆在平衡股东、员工、顾客和经理的利益方面做得很好。很多公司不是倾向这边就是偏向那边。"辛内加尔的很多经验都是从普赖斯那里学习得来的:普赖斯认为应该善待员工、认可员工。一次会议上,辛内加尔注意到,有位经理喜欢给自己邀功,却把责任推给别人,而普赖斯看穿了他。

"为了给我们一个教训,"辛内加尔回忆说,"索尔在一次周例会上故意因为某家店铺的某个错误而大发雷霆。我很奇怪为什么他要这么做。随后,当索尔发现那位经理把责任推给自己的两个员工时,在一周之内就把那位经理给解雇了。"

"光想给自己邀功是不行的,因为一个组织的成功来自众人的共同努力。"辛内加尔肯定地说,"如果想独领风骚,那你就得不到员工的忠心。如果不能把功劳让给别人(把失败的责任留给自己),那你就无法激励别人,最终只能自毁前程。"

---

> 光想给自己邀功是不行的,因为一个组织的成功来自众人的共同努力。
>
> ——吉姆·辛内加尔

---

唯一对辛内加尔提出批评的是华尔街。华尔街的分析师们认为辛内加尔对员工太友善、太慷慨、太大度了。他们觉得辛内加尔应该降低员工工资，从员工身上多榨一些油水。但是辛内加尔不这么想。他相信，只要你诚心对待员工和顾客，利润自然会增加。"在华尔街，"他说，"他们做的是短线生意，从现在到下星期这短短的时间内就能赚到钱。我这么说并不是挖苦他们，但我们不能采取那样的方式。我们想要建立一家能够长期发展的公司，五六十年后仍然屹立不倒。"

其他公司外部人士都很欣赏辛内加尔的这种领导方式。公司管理方面的专家内尔·米诺曾经评论说："我很想效仿他的做法。在我们数据库所包括的2000家公司里，他们公司的执行总裁雇佣合同是唯一一份最简短的，不到一页纸……而且（这）也是唯一一份明确指出他可以——不论你相信与否——终身受聘的合同。"

总而言之，比起为自己谋利益或者拿高薪，辛内加尔更关注于服务于他的员工，提升员工价值。他遵守着增值法则。"我认为，如果想要建立一家经济型的公司，就不能在薪金方面存在太大差异。如果某个人赚的钱是基层工作人员平均工资水平的100倍、200倍甚至300倍，那绝对是不行的。"

辛内加尔总结说："这并不是利他主义，这是绝妙的生意。"他也可以说，这是杰出的领导能力！

## 动机重要吗

为什么应该由领导者来领导？作为领导者，你的首要责任是什么？如果对很多领导者问这个问题，你可能会听到各种各样的答案。他们可能会说领导者的工作就是：

- 总负责
- 使组织平稳运行
- 为股东赚钱
- 建立一家卓越的大公司
- 使我们比竞争对手更出色
- 成功

领导者的动机重要吗？还是只有把工作做好是重要的？底线是什么呢？

直到10年前，我才开始认真考虑这一问题。我清楚地记得，几年前，我在给一群政府官员讲授领导艺术，跟他们说领导者要服务他人，提升他人的价值。我发现，当我这么说的时候，听众中有很多人看上去很不自在。课后，当我和一个主办者提起这件事情时，他说："是啊，我敢肯定他们看上去是很尴尬的。你要知道，那些人中一半以上是靠着毁灭别人来赢得自己现在的职权的。"虽然我在全世界广闻博见，但我必须承认，当时我的确非常震惊。在那一刻，我意识到，对于为什么要由领导者来领导以及他们如何领导的问题，我不能想当然地以为人们都知道答案。

## 价值加减法

在很多人眼里，领导地位意味着成功，他们想要走得越来越远，想要向上爬，爬上自己能力可即的最高位。但是，与这种陈旧观念相反，我认为领导力的底线不在于我们自己能够走多远，而在于我们能够让别人走多远。要做到这一点，领导者就要服务他人，提升他人的价值。

---

领导力的底线不在于我们自己能够走多远，而在于我们能够让别人走多远。

---

每一位领导者与其追随者之间的相互交往都是一种关系，而所有的关系不是给一个人的生活带来积极影响就是消极影响。如果你是一位领导者，那么相信我，你对自己领导的人一定会造成积极或消极的影响。你会造成什么影响呢？请回答一个重要问题：你让你的追随者改善生活了吗？

的确，如果不能毫不犹豫地回答说"是"，并给出一些证据加以说明，那么你可能就是一个带来消极影响的人。这样的人往往意识不到自己给别人的生活带来消极影响。我想指出的是，其中90%的人都是无心之失，他们没有意识到自己对别人的不良影响。如果这样一个领导者不改变自己的领导方式，那么他对别人的影响迟早会从消极影响发展到毫无影响，直至关系破裂。

相反，90%的提升他人价值的人都是有意为之的。为什么这么说呢？因为人的本性是自私的。我同样也是自私的。要为别人增光添彩，我就要每天走出自己的安乐窝，思考如何为他人增加价值。但这正是成为领导者所要付出的代价，只有这样别人才会追随你。长期坚持下去，那么你不仅仅是增加别人的价值——这种价值将会成倍地增长。

成功人士好像都懂得这个道理。如果想一想那些赢得诺贝尔和平奖的人，比如艾伯特·史怀哲、马丁·路德·金、特蕾莎修女，你就会发现，他们都是不在意自己的职位，而关注于自己对他人积极影响的领导者。如果你读一读他们写的文章或者考察一下他们的一生（这一点更重要），你就会发现他们想要改善别人的生活，想要为他人的生活增添价值。他们并不是为了赢得诺贝尔奖而努力；他们希望能够献身于帮助人类同胞的崇高事业，他们一心想着成为大众公仆。1952年的诺贝尔和平奖获得者艾伯特·史怀哲建议说："无论在何地，都要竭尽全力去做好事。每个人都在用自己的方式努力实现自身的真正价值。你必须要留出一些时间给你的同胞们。记住，你不是只身生活在这个世界上，你的兄弟姐妹也在这里。"

服务他人，为他人增加价值，这不仅仅有益于那些享受服务的人，同时，也使得领导者得以经历以下过程：

- 实现对他人的领导
- 拥有正确的领导动机
- 拥有领导者实施重大举措的能力
- 带领团队获得发展
- 带着服务团队的态度

对领导者来说，最高的职位不一定是最好的位子，最显眼最有权力的职位也不一定是最好的位子，最好的位子是他（她）能够尽力服务，尽可能给他人增加价值的地方。

## 增加价值改变生活

为了给他人增加价值,我总结了三条基本方针,每一个想要实践增值法则的人都可以遵循。

**1.当真正重视他人的时候,我们增加了他人的价值**

戴利尔·哈特利-里昂纳多从凯悦酒店集团总裁的职位上退下来后,现担任国际生产集团的执行总裁。他说:"当一个人升任领导职位之后,他(她)就放弃了辱骂别人的权利。"我相信这是真的。但那只是优秀领导力的第一步。杰出的领导者不仅不会伤害别人,而且会有意识地去帮助别人。为了做到这一点,领导者必须要重视他人,向下属表达自己的关心并且让他们感受到这种关心。

---

当一个人升任领导职位之后,他(她)就放弃了辱骂别人的权利。

——戴利尔·哈特利-里昂纳多

---

丹·瑞兰是我多年以来的得力助手。他是一个出色的领导者,对部下非常重视。但他刚开始为我工作的时候,并没有表现出这一点。有一天,那时他刚刚上任,我正在大厅和几个人聊天,丹进来了,手里拿着公文包。丹从我们旁边走过去,一句话也没说,然后直接穿过大厅向自己的办公室走去。我惊呆了。作为一名领导,怎么能够从自己同事身边走过去,连声招呼也不打呢?我很快从原来的谈话中抽身而出,跟着丹

来到他的办公室。

"丹，"在打过招呼以后，我问他，"你怎么能够就那样与大家擦肩而过呢？"

"因为我今天有很多事要做，"丹回答说，"而且我真的很想尽快着手工作。"

"丹，"我说，"你刚才恰恰与自己的工作擦肩而过了。不要忘记，领导力与人密切相关。"丹关心别人，而且想要成为服务别人的领导。他只是没有表现出来。

我听说，在美国的手语里，表示服务的手势是，手掌向上，置于身前，在手势者与对方之间来回移动。的确，这是一个很好的比喻，象征着公仆式的领导人应该采取的态度：他们应该开诚布公、信赖他人、关怀备至、乐于助人并且易于接受批评。那些服务他人、增加他人价值的领导者，在赢得别人信任之前会信任别人，在享受别人服务之前会为别人提供服务。

**2.当使自己成为更加令人钦佩的人时，我们增加了他人的价值**

要增加他人的价值，前提是你要有一些价值能够赠予他们。你不能凭空给出一些你没有的东西。那么你有什么可以给予别人的？你会传授技能吗？你会提供机会吗？你会分享一些你从经验中得出的认识和观点吗？任何一样东西都是有价值的。

如果你有技能，你是通过学习和训练学来的；如果你能提供机会，你是通过辛勤工作换来的；如果你有智慧，你是通过有意识地总结自己的经验得到的。在个人成长过程中越带有目的性，你所能提供的就越多。你越是持续不断地追求个人成长，你就越能持续不断地提供经验。

### 3.当知道别人重视什么并且努力做到时，我们增加了他人的价值

管理顾问南茜·K.奥斯汀说她有一次住在自己最喜欢的酒店，无意中看了看自己的床底下，惊奇地发现那里有一张卡片，写着："没错，我们连这里都打扫干净了！""我不记得酒店的大厅是什么样子，不记得有多少盏枝形吊灯，也不记得有多少平方英尺的地上铺着大理石，以便让我们的脚下感觉更为舒适。"她记得的是那张卡片。酒店内务管理人员已经预想到了对她来说比较重要的东西，他们成功了。

我们把这看成是良好的顾客服务，并且当自己是顾客或客人时，我们希望能够享受到这种服务。但是作为领导者，我们不会主动想到去提供这样的服务。而这正是成功领导的关键。作为领导者，我们如何知道人们重视的东西并且努力去做呢？答案是：倾听！

没有经验的领导者往往在了解他们将要领导的人之前就急于开始工作，而成熟的领导者会去倾听、了解，然后再开展工作。他们会倾听下属的故事，会去发现他们的希望和梦想，会了解他们的渴望，还会关注他们的思想感情。他们通过这些方面来了解下属，发现他们珍视什么。然后，他们会根据了解到的东西来领导他们。当他们这么做的时候，每一方都会受益——无论是组织、领导者还是追随者。

---

没有经验的领导者往往在了解他们将要领导的人之前就急于开始工作，而成熟的领导者会去倾听、了解，然后再开展工作。

---

## 不只是鸡肉的问题

1997年，我把公司和家搬到了亚特兰大。不久，我接到了奇克快餐连锁店总裁丹·凯西的电话，奇克快餐连锁店是一家私营全国连锁餐厅。他问我一个问题："约翰，我们能帮上你和你的公司什么忙呢？"

我大吃一惊。有多少规模大、实力强的公司，会突如其来向你伸出援助之手呢？而丹·凯西就是这么做的。他组织了一个午餐会，邀请了200多位亚特兰大地区的知名企业家来参加，并且在席上把我介绍给大家，还给了我40分钟的讲话时间。这次机会使我的可信度一下子就提高了，而原本我可能要花好几年的时间去赢得这种信任——如果没有他的帮助，我能够自己做到的话。他给我和我的公司增加了巨大的价值。

当我慢慢了解了丹、特鲁特·凯西——丹的父亲、奇克快餐连锁店的创始人，还有他们的公司之后，我发现奉献精神贯穿于他们所做的每一件事。正是因为这个原因，再加上他们对于卓越品质的不懈追求，我必须要说奇克快餐连锁店是我最崇拜最尊敬的公司之一。

2005年，当我主持《交流》——一个针对经理人举办的周末领导力培训活动的时候，我将参与者带到了位于亚特兰大南部的奇克快餐连锁店的总部。大家有机会参观公司的操作间，与特鲁特·凯西见面，还听丹·凯西介绍了公司的情况。丹分享了很多具有启发性的见解，阐释了他们如何执着奉献，增加员工和顾客的价值。比如说，丹那一天正在准备和顾客们一起出去野营，这已经是他第十九次在一家新餐厅开业前夕与顾客出去野营了。他说，通过这种方式，他了解了顾客以及他们的需求，而很多东西在此之前他都是了解不到的。

丹还谈到公司想要提供"两英里售后服务"的愿望。因为奇克快餐连锁店是一家私营企业，比起麦当劳、肯德基还有其他竞争对手来说规模要小得多。但是他相信公司能够参与竞争，获得成功，不是通过实力，而是通过服务。因此，公司正在给员工作礼仪规范的培训，其中很多员工都是十几岁的少年。丹开玩笑说："有证据表明，'礼仪规范'和'快餐'从来没有在同一个句子中出现过。"

但是当丹准备给《交流》活动的每个人提供一种他称之为"领导关系发展工具"的时候，他的领导方式就变得很明了了。丹说：

这是一把9英寸长的货真价实的马鬃鞋刷。这是一把表明了工业实力的鞋刷，是你从约翰斯顿·墨菲鞋业公司能够买到的最好鞋刷。我现在准备把所有这些鞋刷送给你们一人一把。然后，约翰，你能不能过来一下？我已经答应，把这个领导关系发展工具送给你们每一个人时，一定会向你们展示它的用法。来，约翰，你到这边来，这样大家都可以看到你。我要你仔细观察。对于你真正了解的人、与你工作关系非常密切的人来说，以下的行为的确是饱含深意、意义重大的。因此，如果各位愿意让我做给大家看一下的话，我就会告诉你们它是如何发挥作用的。

丹让我坐下，跪在我的脚边，然后开始用那把刷子擦我的鞋。

这把刷子对各种样式的鞋都适用，无论那个人穿的是网球鞋还是耐克、锐步，因此，不必担心对方穿的是什么鞋。你不用说一句话——这也是其中的关键之一。而且你做的时候不能匆匆忙忙的。然后（当你做完之后），你要给他们一个紧紧的拥抱。

这时候，丹站起来，紧紧地抱了我一下，然后转过身对人群说：

我发现，在合适的情况下，当你有足够的时间这么做，而且借此与别人作一番深入的交谈，这一行为可以给人们的生活带来巨大的影响。我相信，这能帮助我们"清除"和其他人之间的"隔阂"。

这就是优秀领导力的重要因素之———与其他人没有尚未解决的关系矛盾。为你的追随者服务，这的确能够让你的动机得到升华，并有助于增强你的洞察力，还能揭示出追随者不纯的动机。每一次，当你把不良因素从领导关系中清除出去，你就为辉煌成就铺平了道路。

当特鲁特·凯西在快结束时回答我们提问的时候，他引用了本·富兰克林的一句话："主人的握手将影响烧烤的味道。"也就是说，领导者的态度将影响到办公室的氛围。如果你想要服务他人，增加他人价值，那么你就能成为更加优秀的领导。而你的部下们将会做出更大成绩，更加忠诚，把工作做得更好，甚至超出你的想象。这就是增值法则的力量。

将

## 增值法则

应用于你的生活

1.你是本着公仆的态度去领导别人的吗？不要肯定得太快了。你可以从下列情况中找出答案。在一些情况下，需要为他人的需求服务，你会怎么做？你是否变得不耐烦？是否感到怨恨？是否认为做某些工作是屈就你的尊贵地位？如果对于以上问题，你的回答都是肯定的，那么你的态度并不够好。从小事做起，为他人服务，不要想着去追求荣誉或者赢得别人的承认。坚持下去，直到你再也不讨厌做这些事情。

2.和你最亲近的人最看重的是什么？列一个名单，包括你生命中最重要的一些人——与你的家庭、工作、朋友、爱好以及其他方面有关的人。列好名单后，写下每个人最重视的是什么。然后按照从1（做得很差）到10（做得很好）的尺度依次给自己打分，衡量一下对于别人重视的事情你做得好不好。如果你说不出来某个人重视什么，或者是你与某个人之间的分数低于8分，那就多花一点时间去和他（她）在一起，以便改善关系。

3.把增加价值作为你生活的一部分。从那些与你最亲近的人开始付诸实践。对于所领导的人，道理也是一样的。如果你只带领几个人，那就分别增加他们的价值。如果你领导很多人，你或许应该想出办法，像服务个人一样为团队服务。

# 6.根基法则

## 信任是领导力的根基所在

信任对领导者来说有多重要？是重中之重。信任是领导力的根基，是凝聚整个组织的黏合剂。领导者不可能一次又一次失信于人却还保持对他人的影响力。这种事情是不可能发生的。

在过去几十年里，美国对领导人的信任经历了一系列起伏波动。水门事件毫无疑问降低了美国民众对领导人的信任度。民众对理查德·尼克松总统的信任感急剧下滑，以至于他别无选择，只能引咎辞职，因为他失去了影响力。比尔·克林顿是一位天资卓越的领导人，然而信任问题破坏了他的领导力。20世纪90年代，一连串的公司丑闻动摇了人们对企业领导人的信心。军事院校性虐待的报道打击了人们对军队领导人的信心。而天主教教会里的虐待事件使人们对教会领导人的幻想也破灭了。领导人不可能失去信任了还依旧保持影响力。信任是领导力的根基，这就是根基法则包含的道理。

### 重要的不是决定——而是领导力

第一次亲身体会到根基法则的力量，是在我担任圣地亚哥教区天际线教会高级牧师的时候。1989年秋天，我们在教会启动了几个新项目，圣诞表演的准备也在如火如荼地进行着，而我还要四处旅行，发表演讲，十分忙乱。因为太忙，我的火暴脾气就上来了，因而犯了一个大错误。当时我迅速作了三个大决定并直接付诸实施：我改变了圣诞表演的一些内容，永久性地停止了星期日晚上的礼拜活动，我还解雇了一个员工。

有趣的是，这三个决定没有一个是错的。圣诞节目的调整对我们是有利的。星期日晚上的礼拜活动虽然受到一些老年教友的欢迎，而其他一些项目已经比这个项目更能满足广大教友的需要。至于被我解雇的那个员工，他必须离开，而且重要的是我必须尽快让他走人。错就错在作这三个决定的方式上。在一个由众多志愿者组成的机构里，作决定必须经过合理的程序。

由于教会各项事务进展顺利，我以为可以走捷径。我错了。我原本会召集其他领导人，提出我的构想，回答他们的问题，然后带领他们解决这些问题。之后，我会给他们时间，以便他们对下一级领导人发挥影响力。最后，当时机成熟的时候，我会将计划告知每一个人，让他们放心，鼓励他们为新项目作出贡献。但是这一次，上述的事情我一件都没有做，我本应该意识到这一点的。

## 结果是不信任

不久，我开始感觉到人们的不安情绪，听到他们议论纷纷。起初，我觉得大家应该很快会放下这个问题，继续向前。然后我才意识到，问题不在于他们，而在我自己。我太没有耐心了。最糟糕的是，我的态度并不是非常积极——对于一个写书谈论态度问题的人来说，这非常不好！这时，我意识到自己违背了根基法则。在我的职业生涯，我的追随者第一次对我开始质疑。我们之间的信任关系开始削弱。

我一认识到错误,马上就向大家公开道歉,并请求他们原谅。当你犯错误的时候,你所领导的人就会知道。真正的问题就在于你是否会承认错误。如果承认错误了,你往往能够重新获得他们的信任。幸运的是,这正是我的经历。从那时起,我更加认真地按照正常程序办事。我亲身体会到,在领导方式上,无论你领导他们多久了,你都不能走捷径。

---

在领导方式上,无论你领导他们多久了,
你都不能走捷径。

---

信任就像是领导者口袋里的零钱。每当做出英明的决策,你就能获得更多的硬币。而每当做出糟糕的决定,你就等于给你的员工一些硬币。在走上新的领导岗位时,所有领导者口袋里都有一定数额的零钱。随着他们的表现,这个数额就会增加或者减少。如果领导者做出了一个又一个糟糕的决定,那么他口袋里的硬币就会越来越少。然后有一天,在他做出最后一个错误决定之后,他就会忽然——无可挽回地——用光他的硬币。这最后一次错误是大是小甚至都已经不重要了。到那时,一切为时已晚。当用光了硬币,你也该从领导岗位上下台了。

相反,如果领导者坚持做出英明决策,使组织不断获得成功,那么他的硬币就会越来越多。甚至当他犯了一个很大的错误时,还有很多剩余的硬币,就好比我在天际线教会所经历的一样。八年中,我一直做出正确决定,赢得了人们的信任。也正是这个原因,我才能很快重获信任。

## 信任是领导力的根基所在

信任是领导力的根基所在。领导者如何能够获得信任呢？是通过一贯的工作能力、亲和力和优良品格赢得的。人们会原谅由于能力原因偶尔犯下的错误，特别是当他们看到你作为一个领导，还在不断追求进步的时候。他们也会给你一些时间去和他们建立关系。但是他们不会信任那些人品有问题的人。在这方面，哪怕是偶尔的失误都是致命的。任何优秀的领导者都知道这个道理。克雷格·韦瑟拉普是百事可乐瓶装集团的创始人、首席执行官，现在已经退休。他承认说："人们会宽容由于诚实犯下的错误。但是如果失去了他们的信任，那么你会发现很难再取得信任。因此，你必须把信任视为你宝贵的资产。你或许可以欺骗老板，但是你绝对不能欺骗你的同事或者下属。"

---

要赢得信任，领导者必须表现出工作能力、亲和力和性格优势。

---

H.诺曼·施瓦茨科普夫将军指出了品格的重要性："领导力是战略和品格的有力结合。但是如果你必须去掉其中一个的话，那就把战略去掉。"品格与领导者的可信度往往紧密联系在一起。

美国工商业委员会的主席安东尼·哈里根说过：

> 品格往往成为决定民族兴亡的关键因素。可以确定，这一历史法则对于美国也不例外。我们作为一个国家能够幸存下

来不是因为我们更加聪明或者更加成熟，而是因为我们——我们希望是这样——具有坚强品格。简言之，品格是唯一有效的防御工事，能够抵御导致国家分裂或者灭亡的各种内在和外在的力量。

品格是信任的根基，而信任是领导力的根基。这就是根基法则。

## 品格能够彰显一切

每当你领导别人的时候，就好比是别人愿意与你同行。旅行的结果如何将由你的品格来决定。如果你具有优良品格，旅途越长，情况就会越好。但是如果你的人品有问题，旅途越长，情况就会变得越糟糕。为什么呢？因为没有人愿意和自己不信任的人在一起。

一个人的品格能够很快向他人传递很多信息。下列就是其中最重要的几项。

### 品格彰显一贯性

我们不能对那些没有坚强品格的人抱以期望，因为他们的表现常常发生改变。NBA伟大的球员杰里·韦斯特曾经评论说："如果你只能在自己感觉良好的日子里工作，那么你的一生中就做不了什么大事。"如果你的下属们不知道可以从你那里指望些什么，那么到了一定时候，他们就不会寻求你的领导了。

> 品格是信任的根基，而信任是领导力的根基。这就是根基法则。

想到品格始终如一的典型代表，第一个进入我脑海的就是比利·格拉厄姆。不论信仰何种宗教，每个人都信任他。为什么？因为他在半个多世纪里一直是具有崇高品质的榜样。他每天都实践着自己的价值观，从不会许下一个自己不会遵守的诺言。他竭尽全力体现出正直高尚的品格。

### 品格彰显潜力

英国政治家和作家约翰·莫利曾经说过："没有人能够超越自己性格的局限性。"软弱的性格具有限制性。你认为哪种人有潜力来实现伟大梦想，对别人产生积极影响呢？是诚实、守纪、辛勤工作的人，还是虚假、冲动、懒惰的人？答案显而易见，不是吗？

光凭天资远远不够。一个人想要走得更远，必须要有品格上的支撑。想一想美国橄榄球大联盟（NFL）的特雷尔·欧文斯。几乎没有哪个橄榄球运动员拥有他那样的天赋，但是他似乎不能与队友融洽相处，无论在哪里打球都是这样。如果继续这样下去，他就永远不能发挥出自己作为橄榄球运动员的最大潜能。

不良的品格就像一个定时炸弹，滴滴答答计算着时间。时间一到，它就会将一个人的执行能力和领导能力毁于一旦。为什么？因为性格软弱的人不值得信任，而信任是领导力的根基。克雷格·韦瑟拉普解释说："你不是靠耍嘴皮子而是靠做出成绩来赢得信任，要永远诚实、正直，向与你共事的人表示出你对他们的真正关心。"

如果一位领导者具有坚强品格，人们就会信任他，相信他有能力挖掘他们的潜能。这不仅使他的追随者们对未来充满希望，而且提高了他们对自己和组织的信心。

**品格彰显尊重**

如果你内在没有优秀的品格，就不能够获得外在的尊重。而尊重对于保持长久的领导力是至关重要的。领导者如何赢得尊重呢？通过做出英明决策，承认自己的错误，把追随者和组织的利益放在自己的个人利益之前。

几年前，有一部关于马萨诸塞第54步兵团及其团长罗伯特·古尔德·肖的电影。这部电影名叫《光荣战役》（*Glory*）。虽然电影中一些情节是虚构的，但是肖和他的士兵在内战期间的事迹——以及他从士兵那里赢得的尊重——都是千真万确的。

---

> 领导者如何赢得尊重呢？通过做出英明决策，承认自己的错误，把追随者和组织的利益放在自己的个人利益之前。

---

电影详细叙述了这一支联邦军队的形成过程。这是第一支由美国黑人组成的军队。肖作为一个白人军官，接手了这个团，负责征兵、挑选（白人）军官、提供装备、训练士兵。他对士兵严格要求，因为他知道，士兵们在战场上的表现将关系到很多北方白人是维护还是谴责黑人作为士兵与公民的价值。在这一过程中，士兵和肖赢得了相互尊重。

在训练结束几个月后，第54步兵团证明自己的机会来了，他们参加了联邦军队在南卡罗来纳州对福特·瓦格纳领导的邦联军队的进攻。肖的传记撰写人罗素·邓肯是这么描述这场战斗的："肖最后一次告诫士兵们说，'战士们，去证明你们自己吧'，说着，他自己站到了队伍的最前面，下令，'进攻！'几年之后，一个士兵回忆说，整个团奋力搏斗，因为肖站在最前面，而不是最后面。"

第54步兵团当日参加战斗的600人中，几乎有一半人受伤、被俘或者阵亡。虽然他们英勇战斗，还是没能够击败福特·瓦格纳。而肖，在第一场进攻中带领士兵冲到了福特的阵地上，最后与自己的士兵一起战死疆场。

肖在生命最后一刻的行动使得原本就尊敬他的士兵们对他更为景仰。在那场战斗两个星期后，阿尔班·费舍尔——第54步兵团的一位中士说："我仍然渴望参加那场战斗，这种感觉比以往更为强烈，因为现在我想要为我们伟大的将军报仇。"J.R.米勒曾经说过："追悼者从墓地带回来的唯一遗物，无法被埋葬，那就是一个人的品格。这是千真万确的。一个人的品格比这个人本身活得更长。它永远无法被埋葬。"肖的坚强品格一直坚持到了最后，从而在身后仍然赢得了士兵们对他的尊敬。

---

> 追悼者从墓地带回来的唯一遗物，无法被埋葬，那就是一个人的品格。这是千真万确的。一个人的品格比这个人本身活得更长。它永远无法被埋葬。
>
> ——J.R.米勒

---

领导人的优秀品质能够赢得追随者的信任。但如果一个领导者破坏了这种信任，那么他就丧失了领导的能力。这就是根基法则。

## 失去信任伊始

我曾经提到过水门事件以及很多在过去30年中破坏了公众对领导人信任的公众丑闻。但是我认为，是越南战争开始破坏了公众对国家领导人的信任，在全国范围内引起了广泛质疑。约翰逊政府采取的一系列行动、罗伯特·麦克纳马拉犯下的错误以及他们不愿意面对并且承认这些错误，这一切破坏了美国人民的信任。他们违反了根基法则，而美国从那时起就一直受到后遗症般的影响。

当肯尼迪总统和他的国防部长罗伯特·麦克纳马拉于1961年1月份就职的时候，越南已身陷战争泥潭。越南地区几十年来战火不断，而美国是在20世纪50年代中期参与其中的，当时艾森豪威尔总统派了一小支部队去越南当顾问。肯尼迪就职时，他延续了艾森豪威尔的政策。他一直想让越南南部老百姓自己参加战争，自己赢得胜利。但是随着时间推移，美国越来越深陷其中。战争结束前，超过50万美国士兵在越南服役。

如果经历了那个战争年代，你可能会惊奇地发现，最初，美国人强烈支持越南战争，甚至在美国派往海外的军队人数激增，而伤亡人数在不断增加的时候也是如此。到1966年，已经有超过200万美国人被派往越南，而在接受路易斯·哈里斯调查的美国人中，仍然有2/3的人相信，越南正是美国人应该"前往并且反抗越南北部力量"的地方。而大多数人表示，他们相信美国应该坚持下去，直至战争结束。

## 先有信任，再有支持

然而支持最终减弱了。越南战争没有被妥善处理。最重要的是，美国的领导人在意识到无法获胜之后，仍然坚持参战。但最大的错误就在于，麦克纳马拉和约翰逊总统在这件事上对美国民众不诚实。由于信任是领导力的根基，它最终破坏了政府的领导力量。

在麦克纳马拉的《回顾》(*In Retrospect*)一书中，他回忆说，自己一次次地将美军伤亡人数报告减到最小程度，关于越南战争的报告中只有一半是真话。比如，他说："当我（1963年）12月21日（从西贡）回到华盛顿时，我对媒体说的话并不是很诚实……我说'我们注意到了越共活动巨大发展所造成的后果'（这是真的）；但随后我又补充道，'我们也考察了越南的计划，因此我们有理由相信，他们会取得胜利'（这是过度乐观的假话）。"

在一段时期内，没有人质疑麦克纳马拉的言辞，因为我们没有理由去怀疑国家领导人。但是最终，人们发现他的言辞与事实不符。正是这时，美国民众开始失去信心。多年之后，麦克纳马拉承认了自己的失败："我们这些肯尼迪政府和约翰逊政府的人，根据我们所理解的美利坚民族的原则和传统参与了越南战争的决策。我们的决策是根据那些价值标准做出的。但是我们错了，犯了很大的错误。"

## 为时已晚

很多人会说，麦克纳马拉的坦白晚了30年，来不及挽救58 000条生命。越南战争的代价是惨痛的，而且不仅仅是在人员伤亡上。随着美国人对领导者信任的丧失，他们追随领导者的意愿也减退了。抗议引起了公开反抗，直至造成广泛的社会动荡。这一时期，始于约翰·肯尼迪带来的希望和理想主义色彩，最后却是以与理查德·尼克松相关的不信任和怀疑主义告终。

无论何时，只要一位领导者破坏了根基法则，他就要在领导力上付出相应代价。麦克纳马拉和约翰逊总统失去了美国人民的信任，他们的领导能力最终大打折扣。最后，麦克纳马拉从国防部长任上辞职。约翰逊，这位优秀的政治家，意识到自己的地位削弱了，没有参加第二次总统大选。但是失去信任的连锁效应并没有戛然而止。美国民众对从政者的不信任一直持续到今天。

没有一位领导者能够在失去追随者的信任之后仍然保持自己对他们的影响力。信任是领导力的根基。违反了根基法则，作为领导人的影响就会减弱。

将

# 根基法则

应用于你的生活

1.你的追随者们认为你的可信度有多高呢？如何衡量他们的信任感？通过他们对你的坦率程度可以看出。他们是否坦率与你分享想法——甚至是反对意见呢？他们是否愿意像对待好消息一样告诉你一个坏消息呢？他们是否让你知晓他们负责的领域进展如何呢？如果不是，那么，他们也许对你的为人并不信任。

你的同事和领导又是怎样的呢？他们是否一贯信任你？你如何衡量他们的信任感？通过他们将多少责任委托予你可以看出。如果你经常承担重要责任，那是一个很好的征兆，说明你是值得信任的。如果不是，那么你就需要找出原因，看看他们是怀疑你的能力还是你的为人。

2.大多数成功人士将时间用于提高自己的专业技能。他们想要变得精明能干。而很少有人注重自己的品格。你可以从哪些方面来改善自己的品格呢？

建议你把精力集中于三个重要方面：诚实、真诚、讲原则。要诚实，就要让自己完完全全做到诚信做人。不要篡改事实，不要讲善意的谎言，不要捏造数字。即使在事实令人痛苦的情况下，也要说实话。要真诚，就要真诚对待每一个人。不要耍手腕、戴假面具，不要装模作样。要增强自己的原则性，每一天都要坚持做正确的事，不管你自己的感受如何。

3.如果失去了别人的信任，你的领导力就会受到影响，直至你努力使事情回到正轨。首先，向你伤害过、背叛过的人道歉。如果你可以作一些赔偿或者归还，那就去做。努力重新赢得他们的信任。你的错误越严重，花的时间就会越长。他们没有责任去信任你，而你有责任去赢得信任（如果在家里失去了信任，在努力改善工作关系之前，首先要从家里做起）。

# 7.尊重法则

## 人们通常愿意追随比自己强的领导者

如果第一次见到她,可能不会马上对她肃然起敬。她不是一个非常引人注目的女人——身高大约5英尺多一点,30多岁了,皮肤黝黑,饱经风霜。她不识字,也不会写字。一身破旧的粗布衣服。当她微笑的时候,能看出上面的两颗门牙已经没有了。

她过着单身生活。实际上,在她29岁的时候,就离开了自己的丈夫。她没有给他任何征兆。有一天当他醒来的时候,她已经离开了。从那以后,她只跟他谈过一次话,那是在几年以后了,而之后她再也没有提起过他的名字。

没有稳定的工作。大多数时候,她在一些小旅馆打杂:擦洗地板、整理房间、做饭。但是差不多每年春季和秋季,她都会离开工作的地方,回来的时候已经身无分文,然后继续工作,积攒自己赚的每一分钱。当她值班的时候,她努力工作,看上去身强力壮。但是大家也知道她会忽然睡着——有时候甚至在跟别人讲话的时候睡着。她把这个毛病归因于自己小时候跟别人打架时在头上受过的重重一击。

谁会尊敬这样的一个女人?答案是:300多名追随她从南方逃出来的奴隶们——他们认可并且尊敬她的领导,还有新英格兰几乎每一个废奴主义者。那是在1857年。这个女人的名字叫作哈里特·杜伯曼。

## 不折不扣的领导者

杜伯曼深入禁地，带领如此多的人逃离奴隶制的束缚，才30岁，就被大家称为"摩西"。杜伯曼最初也是一名奴隶。她生于1820年，长于马里兰的农场。13岁的时候，她的头上受到了重重一击，由此带来的病痛折磨了她一生。

当时她在一家商店，一个白人监工要她帮着殴打一名逃跑的奴隶。她拒绝了，并且挡住了监工的去路，这个男人就拿了一个两磅的秤砣打她的头。她差点死去，几个月后才恢复过来。

24岁的时候，她嫁给了约翰·杜伯曼，一个自由的黑人。但当她跟他提议说要逃到北方的自由之地时，他不同意。他说如果她想要逃走，他就去告发。1849年，当下定决心要碰碰运气、逃往北方时，她单独行动了，对丈夫只字未提。她的第一个传记撰写人莎拉·布拉德福说，杜伯曼告诉她："我在脑子里作了一番推论，我有权利从两件事情中选一件，自由或者死亡。如果我不能得到其中一件，我就要另外一件，因为没有人能够活捉我。还有一口气，我就要为自由而战。当我离开的时刻到来时，上帝自然会派人来把我带走。"

通过地下铁道——一个由帮助奴隶逃跑的自由黑人、白人废奴主义者和贵格会教徒们组成的秘密网络，杜伯曼来到了宾夕法尼亚州的费城，虽然自己得到了自由，但她发誓要回到马里兰州，把她的亲人们都救出来。1850年，她踏上了第一次回程之路，成为一名地下铁道的"列车员"——在沿路支持者的帮助下，营救并且带领奴隶走向自由。

## 钢铁般的领袖

每年夏季和冬季，杜伯曼做佣人赚钱，积攒她回南方所需费用。而每年春季和秋季，她冒着生命危险回到南方，带着更多人回来。她无所畏惧，她的领导地位无可动摇。她的工作异常危险，当她带领的人们动摇了或者有了别的想法时，她如钢铁般坚定。她知道，逃跑的奴隶回去以后会遭到严刑拷打，直到他们说出是谁帮助他们逃跑的，因此她决不允许她带领的人放弃。"死人不会告密"，她会用一把上了膛的手枪指着那个胆小奴隶的脑袋，说，"你要么继续前进，要么就去死！"

在1850—1860年间，哈里特·杜伯曼解救了300多人，其中包括她的很多亲人。她一共往返了19趟，而让她分外自豪的是，她从未丢下一个自己带领的人。"我从不会让自己的火车出轨，"她说，"而且我没有落下一位乘客。"当时，南方白人悬赏12 000美元要她的脑袋——一笔巨额财富。南方黑人只是称她为摩西。到内战开始的时候，她解救的奴隶比美国历史上任何人解救的都多——不论是白人还是黑人，男人还是女人。

## 声望与日俱增

杜伯曼的名声和影响力不仅赢得了渴望获得自由的奴隶们的尊敬，北方颇有影响力的白人和黑人都来找她。她在集会上、在收容所里发表演讲，从宾夕法尼亚州的费城、马萨诸塞州的波士顿、加拿大的圣·卡芙莲到纽约州的奥本——她最终定居的地方。有名望的人也来找她，比如威廉·苏厄德议员——后来他成了亚伯拉罕·林肯的国务卿，还有坦率直言的废奴主义者、原本当过奴隶的弗雷德里克·道格拉斯。约翰·布朗——著名的改革派废奴主义者——也来寻求杜伯曼的建议和领导。布朗总是称这位先前的奴隶为"杜伯曼将军"，他还说她"比他见过的大多数军官都要优秀，她能够成功带领军队，就像带领她的一小队逃亡者一样"。这就是尊重法则的实质。

## 领导力之考验

哈里特·杜伯曼看上去不可能成为一名领导者，因为所有条件对她都是不利的：没有受过教育；出身奴隶；生活在不尊重黑人的文化环境中；而且在她奋力工作的国家里，妇女还没有选举权。尽管有种种不利条件，她最终仍成为了一个令人难以置信的领导者。理由很简单：人们通常会追随比自己强的人。每一个与她打交道的人都能感受到她强大的领导力，然后不由自主地追随她。尊重法则正是这样发挥作用的。

## 这不是一场猜谜游戏

人们不会随意追随别人，他们会追随自己尊敬的领导者。领导力水平达到8级的人（在1到10的尺度上，10作为最高水平）不会去追随6级水平的人——他们通常会追随9级或者10级水平的人。能力稍逊的人会追随能力不凡、天赋异禀的人。有时候，一个强有力的领导者也许会选择追随一些比他弱小的人，但这样的情况往往事出有因。比如说，他可能是出于对后者地位的尊敬或者表示对后者以往成就的敬意。或者，他也许是服从行政管理系统的规定。但是，一般来说，追随者会选择比自己更优秀的人作为领导者。这就是尊重法则。

当人们第一次组成一个团队时，看一看事情是如何进展的。当他们开始交往的时候，团队里的领导者很快就会取得掌控权。他们会考虑自己想要去的方向，以及他们会带领谁去完成任务。首先，大家可能会在各个方向作一些尝试性的探讨，但是在大家彼此了解之后，不久就会发现谁是最强有力的领导者，然后开始听从他。

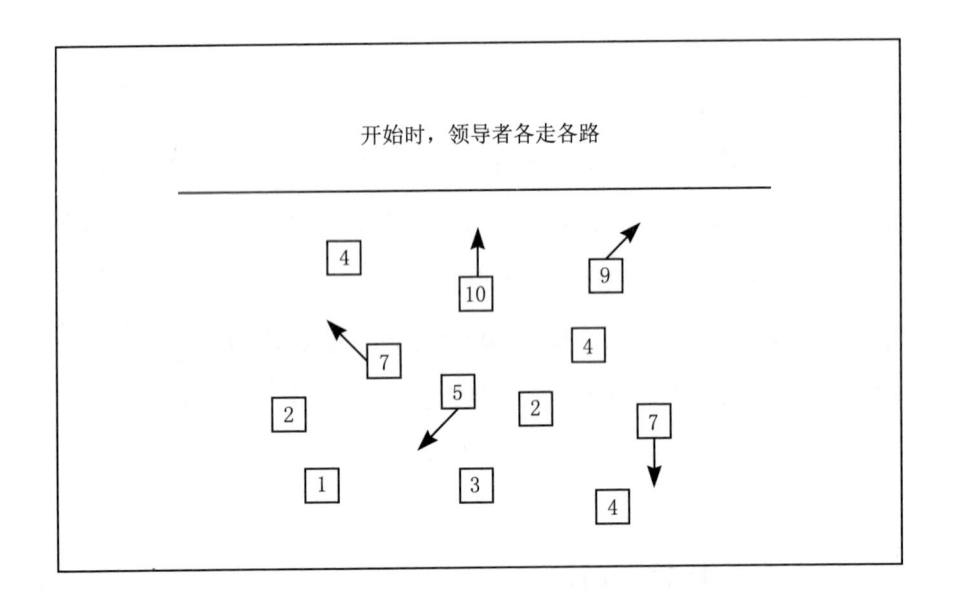

开始时，领导者各走各路

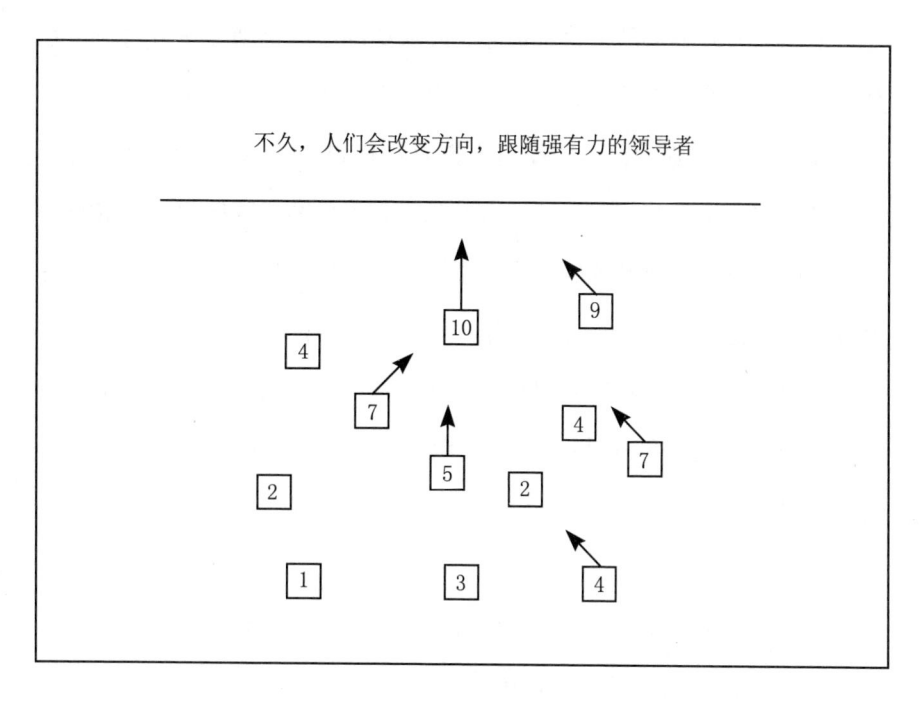

不久，人们会改变方向，跟随强有力的领导者

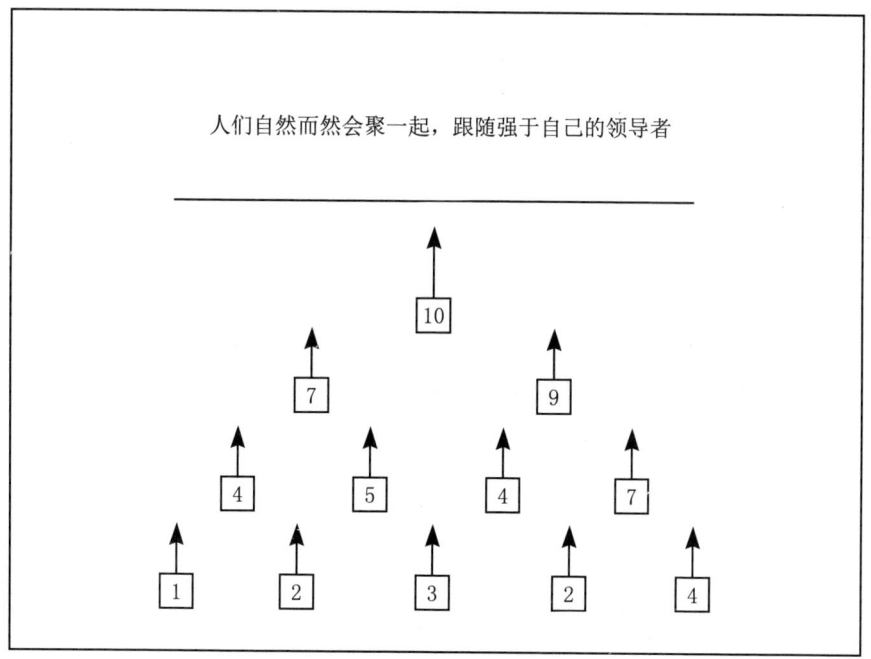

人们自然而然会聚一起，跟随强于自己的领导者

领导力21法则

通常，一个人的领导力越强，就能越快发现别人的领导力潜质——或者发现别人领导力的不足。最后，团队中的人会追随强有力的领导者开展工作。他们要么是如此，要么就会离开团队，各奔东西。

我听说一个故事，讲的就是人们是如何追随强有力的领导者的。故事发生在20世纪70年代早期，入驻NBA名人堂的中锋比尔·沃尔顿加入了约翰·伍登担任教练的加州大学洛杉矶分校篮球队。当时沃尔顿还比较年轻，他留了一个小胡子。据说教练告诉沃尔顿学校的篮球队的队员不能留胡子，沃尔顿想要保持自己的个性，所以就宣称不会把胡子刮掉。伍登给出的意见简洁明了："我们会想念你的，比尔。"不用说，沃尔顿很快就把胡子刮掉了。

> 一个人的领导力越强，就能越快发现别人的领导力潜质——或者发现别人领导力的不足。

## 赢得尊敬

是什么原因使一个人尊敬并且听从另一个人？是由于领导者的品质吗？是因为领导者与追随者所参与的过程吗？是因为环境条件而发生的吗？我相信所有这些因素都有作用。根据我的观察和个人经验，以下是领导者赢得别人尊敬的最重要的六个方面。

### 1.天生的领导才能

首先最重要的是领导能力。有些人生来就比别人拥有更好的领导能力。领导者并非生来平等。然而，正如我在盖子法则和过程法则中所说的，每个人都能成为更好的领导者。

如果你拥有天生的领导才能，人们会想要追随你。他们会想要围绕在你身旁，听从你的指导。当你展望未来的时候，他们会变得激动不已。然而，如果你缺少下列这些额外的行为或者特点，那你就不能充分发挥出领导潜力，人们可能不会继续追随你。对于天生的领导者来说，最可能犯的错误就是单单依赖自己的才能。

**2. 尊重他人**

独裁者和其他专制领导人依靠暴力和恫吓胁迫人们去做自己想让他们做的事情。这不是真正的领导力。相反，优秀的领导者依靠的是尊敬。他们明白，领导力讲究自动自发。当领导者表示出对别人的尊重——尤其是那些权力比他们小或者地位比他们低的人——他们就能赢得别人的尊敬。而人们会追随值得自己尊敬的人。

> 当别人把你当人来尊重，他们崇拜你；当别人把你当朋友来尊重，他们爱你；当别人把你当领导来尊重，他们追随你。

赢得别人尊敬的过程有一个公式：

- 当别人把你当人来尊重，他们崇拜你；
- 当别人把你当朋友来尊重，他们爱你；
- 当别人把你当领导来尊重，他们追随你。

如果坚持尊重他人，始终如一地好好领导他们，你就会一直拥有追随者。

### 3.勇气

人们如此尊敬哈里特·杜伯曼的一个原因就是她的超凡勇气。她下定了决心，不是成功，就是为成功而死。她对危险毫不在意。她的任务是明确的，而她完全是无所畏惧的。

美国前国务卿亨利·基辛格曾经说过："作为领导者，除非他愿意偶尔孤军奋战，否则就是名不副实的。"优秀领导者坚持做正确的事，即使是冒着失败的风险，面对巨大的危险，或者面临无情批评的巨大压力。我想不出历史上有哪一位伟大的领导者没有勇气。

你能想出来吗？领导者的勇气有着巨大价值——它能够给追随者带来希望。

---

> 作为领导者，除非他愿意偶尔孤军奋战，否则就是名不副实的。
>
> ——亨利·基辛格

---

### 4.成功

成功是诱人的，人们自然而然会受到吸引。这也是现代社会中人们如此关注名人生活的原因之一。他们为自己喜爱的体育队呐喊，他们效仿摇滚明星的职业生涯。

对于领导我们的人来说，成功尤为重要。人们景仰别人的成就。千言万语都比不上一张优秀的成绩单。当领导者在自己的领域获得成功时，人们会尊敬他们。当他们成功地引领队伍赢得胜利时，追随者们就会相信他们能够再次获得成功。因此，追随者们跟从领导者的目的就是，他们想要为未来的成功出一份力。

### 5.忠诚

我们生活在一个自由选择的时代。职业运动员可以从一个队跳到另一个队，寻找着最划算的交易；首席执行官们商议达成巨额一揽子金融交易，出现问题时，身为百万富翁的他们就会放弃这一计划。根据某个消息来源，到36岁时，中等熟练程度的工人平均每人换了十次工作。

在一个充满变化、不安、躁动的文化环境里，忠诚成为一种资本。当领导者始终与团队共进退，直至完成任务；当领导者在情况恶化时始终保持对组织的忠诚；当领导者始终照顾追随者，即使在自己会受到伤害的情况下仍然如此，追随者会尊敬他们以及他们所做的努力。

### 6.为他人增加价值

领导者赢得尊敬的最大来源是为他人增加价值。我已经在增值法则中作过全面论述，此处不再多费笔墨。但是你要明确的是，追随者尊重那些为其增加价值的领导者，而且他们对领导者的敬意在领导关系结束之后仍将持续很长时间。

## 衡量你的受尊敬程度

如果想要衡量自己作为领导者获得了多大程度的尊敬，你应该做的第一件事就是看看你吸引的是哪些人。丹尼斯·皮尔说过："领导力的衡量标准之一就是选择追随者的才干。"你要做的第二件事情就是看看当你要求他们承担义务或者做出改变时他们的反应。

---

领导力的衡量标准之一就是选择追随者的才干。

——丹尼斯·皮尔

---

当受人尊敬的领导者需要交托任务时，追随者就会主动承担任务。为了完成这项工作，追随者愿意竭尽全力、勇攀高峰、付出大量时间，或者做其他一切必要的事情。同样地，当受人尊敬的领导者需要做出变革时，拥护者会乐意接受。但是当不受人尊敬的领导者需要交托任务或者做出变革时，人们会不相信、质疑、找借口，或者干脆走开不管。没有赢得尊敬的领导者很难让别人追随。

## 一位受人尊敬的领导者退休了

1997年10月，大学篮球领域的一位优秀领导者退休了。30多年来，他将一生所学传授他人，赢得了广泛尊敬。他的名字叫作迪安·史密斯，是北卡罗来纳大学篮球队的主教练。他在带领黑脚丫篮球队（Tar Heels，北卡校队名）时取得了令人瞩目的成绩，被认为是训练各个水平运动员的最优秀教练员之一。在北卡罗来纳当主教练的32年里，他屡创佳绩，赢得了879场比赛，他带的队伍连续在27个赛季中获得20胜，赢得了13座大西洋海岸联盟的奖杯，11次进入四强赛，两次赢得全国冠军。

史密斯赢得了同行的广泛尊敬。当他召开记者招待会宣布自己退休时,著名教练约翰·汤普森——史密斯在1982年的全国决赛上打败了他,还有拉里·布朗都来参加,以表示对他的支持。麦克·胡克——北卡罗来纳大学的校长,给史密斯发出了一份公开邀请函,允许他在接下来的几年里在学校担任任何工作。甚至美国总统都打来电话表达敬意。

### 越接近史密斯的人越尊敬他

运动员们与史密斯的交往方式最能体现史密斯在职业生涯中实现的尊重法则。运动员们尊敬他是出于多种原因的。他不仅教他们打篮球,还教会他们做人的道理。他鼓励他们在学业上取得佳绩,几乎每个运动员都拿到了一个学位。他使他们成为胜利者。同时,他也向他们显示出令人难以置信的忠诚和尊重。查理·斯科特曾经在史密斯的球队里打球,之后,成为职业篮球运动员,然后又成为冠军品牌的销售主管。说起与史密斯相处的日子,他说:

> 作为大西洋海岸联盟的首批黑人学生运动员,我在北卡罗来纳经历了很多艰难时刻,但是史密斯教练总会帮助我。有一次,我们在南卡罗来纳比赛结束之后正要离开球场,他们的一个球迷叫我"黑色大狒狒"。两个助手紧紧拉住史密斯教练,他才没有向那个人追过去。这是我第一次看到史密斯教练表现出怒不可遏的样子,我感到非常震惊。但是无论怎样,我都为他感到自豪。

在北卡罗来纳执教期间，史密斯影响甚巨。作为领导者，他不仅赢得了比赛，赢得了球员们的尊敬，而且还培养出49名优秀的职业篮球运动员，其中包括著名球星鲍勃·麦卡杜、詹姆斯·威尔希，当然还包括迈克尔·乔丹——他不仅是最出色的篮球运动员之一，也是一个很好的领导者。

詹姆斯·乔丹——迈克尔的父亲——认为，他儿子的成功很大程度上归功于史密斯的教导。1993年，在芝加哥的一场决赛之前，老乔丹说：

> 大家低估了迪安·史密斯发挥的作用。他帮助迈克尔发现了自己的运动才能，并且对此加以训练。更为重要的是，他磨炼了迈克尔的内在品质，使他终身受益。我认为迈克尔并没有享受什么特权，比别人接受更多的训练。他的个性使他能够跟得上训练，而且在北卡罗来纳，他能够将二者结合起来。这就是我自己的看法，我认为这就是迈克尔成功的原因。

迈克尔·乔丹明白追随一个好的领导者意味着什么。在他的职业陷入低谷时，他坚决要追随菲尔·杰克逊教练，因为他认为杰克逊教练是本领域最好的教练。这是有道理的。像乔丹这样的领导者想要跟从更加有力的领导者——比他还要强大的领导者。这就是尊重法则的内在含义。乔丹很有可能实现他的愿望，因为这位年轻的北卡罗来纳学生在其茁壮成长的时候接受了迪安·史密斯——一位强有力的教练的指导和教育。

如果想要一些人追随你，可他们犹疑不定，那么很可能你是在试图领导比自己更强的人。这是一个棘手的问题。如果你的领导力能达到7级，那些8级、9级、10级的人不太可能追随你——不论你的愿景多么美好、计划多么完美。

数学家安德烈·韦伊曾经说过："一分的人追随与自己相当的人——或者，如果可能的话，追随比自己更好的人。二分的人跟从三分的人。三分的人跟从五分的人。"这并不一定是事先安排好的或者因为更弱的领导者靠不住，而是因为尊重法则在起作用。不论你是否喜欢，这就是领导力的规律。

那么你应该对此做些什么呢？做一个更好的领导者。对于想要进步的领导者来说，希望总是有的。天生7级的人也许不可能达到10级——但可能达到9级。总是有很多地方需要改进的。你进步越大，你吸引的人就越优秀。为什么？因为人们自然会追随比自己更强的人。

## 将
# 尊重法则
### 应用于你的生活

1.想一想，上一回要求员工、部下或者志愿者负责你领导的某项工作或者对他们所做的工作做些改变时，他们反应如何？他们是否愿意拥护你的决定？这是一把客观的尺度，可以准确测量出你的领导力水平。

2.看一看那些帮助领导者获得尊敬的条件：

- 领导能力
- 对他人的尊重
- 勇气
- 过去的佳绩
- 忠诚度
- 为他人增加的价值

按照1级（最低）到10级（最高）的尺度，对自己在每一个方面的表现进行评估。提高你"领导力指数"的一个好方法就是，在每个方面都做一些改进。就每个方面用一句话写下能够帮助你在该方面取得进步的行为、习惯或者目标。然后每一方面都实践一个月，使之成为你正常生活的一部分。

3.我最喜欢的"成功"定义之一就是，赢得与我最亲近之人的尊敬。我相信，如果我的家人（他们最了解我）和我最亲密的同事（他们每天与我共事）都尊敬我，那么我就是个成功者，我也会成为高效的领导者。

  如果有勇气，问一问生活中最亲近的人，他们最敬佩你哪一点，还要再问问他们你最需要改进的是哪些方面。然后，你可以根据他们真诚的反馈意见提高自己。

# 8. 直觉法则

## 领导者善用领导直觉评估每件事情

在我给听众讲授21条领导力法则的十年间，我发现直觉法则是最难教的。当我说到这条法则时，天生的领导者马上就领会了，勤奋的领导者最终能明白，而缺乏领导素养的人只是茫然地盯着我。

领导者看待事物的角度与常人不同，他们带着领导直觉去评价一切。他们拥有领导直觉，指导其所做的每一件事。领导者思维是与他们不可分割的一部分。

### 每个人都富有直觉

并非所有人都在领导力方面富有直觉，但是每个人都拥有直觉。每个人都在自己擅长的领域富有直觉。

我来举个例子。我是一个布道者，经常要作公开演讲，人们有时候想要听听我的妻子玛格丽特对领导力的想法，于是她收到邀请函，请她在一次活动中发表演讲。随着活动日期的临近，玛格丽特为自己的演讲作了准备，然后将演讲提纲组织在一起，然而我们最终进行了大意如下的对话：

"约翰，你觉得我应该怎么开头好呢？"她问。

"这就要看实际情况了。"我回答。

"你这么说还是没帮上我什么忙啊。"

"玛格丽特,我不是想把事情搞得很复杂,每一次演讲的情况都是不一样的啊。"

"好,那要是你,你会怎么做呢?"

"嗯,在活动开始之前,我会走出去找很多与会者聊一聊,感受一下他们都是怎样的人——你知道的啊,就是先察看一下大环境。然后我会听一听主办方以及在我之前演讲的人都说些什么,以便在自己的演讲中引用他们的谈话或者之前发生的某些情况作为素材,幽默一下。我会想方设法与听众进行真正的沟通。"

"这还是帮不了我啊。"她沮丧地回答。

说实话,正如我的回答让她为难,她的问题同样让我为难。我很难解释自己会怎么做,因为对于我来说交流是凭直觉进行的,这是我擅长的方面之一。

---

每个人都在自己擅长的领域富有直觉。

---

## 扭转局面

我并不是嘲笑玛格丽特,她在很多方面都比我有才华。比如,当我准备去一个活动作演讲,想挑选一套合适的衣服时,我是一窍不通的。以下两种情况经常发生:我要么站在衣橱前面,一动不动,嘴里说着胡话,完全想不出哪件衣服应该搭配哪件;要么挑出几件衣服穿上,走进卧室,玛格丽特就会说,"哎呀,约翰,你不会就这么穿出去吧?"

"嗯,我,唔,不会,当然不会啦。"我回答,"那你觉得我应该怎么穿呢?"

这时,玛格丽特慢慢踱到衣柜边,环视大约两秒钟。

"我好像没见你穿过这件上衣,试试看怎么样?"说着,她开始信手拈来,"如果你再穿上这件衬衣,系上这条领带,一定会很抢眼。"在她挑选裤子的时候,我想帮帮忙,挑双鞋。"不行,你不能搭配这双鞋。"她说,"来,穿上这双鞋,系上这条皮带。"

在活动现场,我听见很多人赞美我的着装。回家的时候,我就把整套衣服放在一起,挂在衣橱里,因为我知道这套衣服搭配合理。然后,到下一次我准备出去演讲的时候,我就穿上这套衣服,信心十足地走进卧室。玛格丽特说:"你不能老穿这套衣服出门啊。"于是我们又把整个程序从头再来一遍。

玛格丽特在艺术方面有着惊人的直觉。她对款式感觉非常灵敏,还有一双对颜色极其敏感的眼睛。她会画画、插花、设计、搜寻古董、园艺、装饰——凡是你想得到的,她样样精通。她在自己擅长的领域富有直觉。多亏了她,我们家总是装扮得非常漂亮。她一个人就能轻而易举地打败家园频道的室内装饰家。我很幸运,我因她的天赋而受益良多。

## 不只是事实

直觉之所以很难解释是因为它不是有形之物。直觉不仅仅依靠实践经验。如果在电视上看过重播的《天罗地网》(*Dragnet*),你可能知道杰克·韦伯说过的一句著名台词:"就是事实,夫人,就是事实。"直觉法则依靠的不仅仅"就是事实"。直觉法则依靠的是事实加上本能再加上其他无形因素，比如说员工的士气、组织的发展势头以及人际关系。

曾任陆军上将和美国国务卿的科林·鲍威尔很好地解释了领导力直觉的作用及其重要性。他说，如果很多领导者希望等拿到详尽的数据或者等所有的疑问都得到解答之后再作决定，那他们一定会出现问题。鲍威尔说他的做法是，收集到所能得到的40%-60%的信息之后，利用自己的经验来弥补数据的不足，从而做出决策。也就是说，他的领导决策既是基于直觉，也基于事实。他依靠的是直觉法则。而正是这一点将卓越的领导者与一般优秀的领导者区别开来。

### 他们的直觉是领导者的直觉

卓越的领导者用领导直觉来评价一切，因此，在领导决策方面，他们本能地，几乎是无意识地就知道自己应该怎么做。这种"读数-反应"的本能在最杰出的领导者身上是最明显的。举个例子，想一想另一个前任美国陆军上将——H.诺曼·施瓦茨科普夫。他一次又一次接受别人不愿承担的指挥任务，但是凭着出色的领导直觉和行动能力，他总能够扭转局面。领导者总是能够做类似的事情。

> 凭着出色的领导直觉，施瓦茨科普夫一次又一次扭转局面。

在施瓦茨科普夫参军17年之后，终于有机会指挥一个营。1969年12月，当时他是陆军中校，第二次去越南。这个指挥任务没有人愿意承担,就是带领第六团第一营。但是因为这支队伍声名狼藉,外号称"六团最差营"。施瓦茨科普夫考察了自己指挥前这支队伍的情况,并且得知,由于表现太差,这支营队刚刚在年度检阅中获得不及格——总分100,只得到16分。他只有30天的时间来让这支队伍改头换面。

## 用领导直觉看问题

在领导岗位交接仪式上,施瓦茨科普夫见到了即将离职的司令员。那人在离开之前,告诉施瓦茨科普夫说:"这是送给你的。"说着,递给他一瓶苏格兰威士忌,"你可以拿它来解忧。当然,我希望你做得比我好。我已尽我所能来领导他们,但这是一支差劲的军队,士气不振、任务艰难。祝你好运吧。"

施瓦茨科普夫已经预想到了糟糕的情况,但一切比他想象的还要糟。他的前任不谙领导之道,从未冒着危险离开大本营去视察他的军队。而结果是令人震惊的,整个军队处于混乱之中。军官们无动于衷,军队没有采取最基本的军事安全措施,造成不必要的士兵伤亡。离职的那位司令员说得没错:这是一支糟糕的士气不振的军队。但是他没有意识到这大部分是他自己的责任。

在接下来的几个星期,施瓦茨科普夫凭着他的领导直觉开始行动。他实施各项程序、重新整顿军队、提高军官素质、培养士兵的方向感和目的性。在30天之后的检阅中,他们得到了及格分。士兵们开始在心中盘算:"嗨!我们也能做好。我们也能获得成功。我们不再是'六团最差营'了。"结果,士兵的伤亡人数越来越少了,士气大振,营队开始有效执行任务了。这支营队的转型非常成功,以至于施瓦茨科普夫接手几个月之后，营队就被选中去执行最艰难的任务——只有那些纪律严明、训练有素、士气振奋的军队才能完成的任务。

### 你的为人决定你的所见

施瓦茨科普夫如何能让这一支军队反败为胜呢？采用的就是他一次次用来完成艰巨任务的方法：直觉法则。其他军官与他接受了相同的训练，拥有相同的资源，而且施瓦茨科普夫也并不一定比他的同行们聪明。他借助的是自己强烈的领导直觉，他用领导者直觉来处理一切问题。

你的为人决定你的所见。电影《夏日尖兵》（*The Great Outdoors*）中有一个情节对此作了很好的阐释。在影片中，约翰·坎迪扮演的切特及其一家人在树林中一个小小的湖边村庄度假。他的小姨子和丈夫罗曼——由丹·阿克罗伊德扮演——出乎意料地来拜访他。当这两个男人坐在小屋的门廊上，眺望湖水以及连绵千里的美丽森林时，两人开始聊起天来。罗曼，一个花言巧语、精明狡诈的商人，跟切特分享了他的所见："告诉你我在那儿看到了什么……我看到了北明尼苏达州、威斯康星州和密歇根州尚未开发的丰富资源。我看到联合起来的企业财团开发出价值15亿的林木产品。我看到一个造纸厂——如果那里有战略金属的话——还有一个采矿基地；湖水像一条绿色的带子镶嵌在住宅大厦之间，还有一个垃圾处理厂……现在我要问你，你看到什么了？"

> 你的为人决定你的所见。

"我嘛，我只看到树。"切特回答说。

"哎呀，"罗曼说，"如果你拥有一个远大理想，没人会责备你的。"

切特看到树是因为他是在那里欣赏风景，而罗曼看到商机是因为他是一个一心想要赚钱的人。你是一个怎样的人，决定了你用怎样的眼光来看待周围的世界。

## 领导者如何思考

出于本能，领导者带着领导直觉去评价一切事物。天生具有领导才能的人尤其有着强烈的领导直觉。其他人则需要努力发展、培养这种能力。但无论如何，直觉来自于两样东西：天生素质——存在于一个人擅长的领域，和后天学会的技能相结合的产物。这种直觉与广博的见识相联系，使得一些领导者有能力解决某些领导方面的难题，而其他人却做不到。

我将领导直觉视为一个领导者考察当前情况的能力。因此，我认为领导者就是考察者。

### 领导者是当前情况的考察者

现在我身兼数职，写作、演讲、教学以及沟通。我还拥有两家公司。我每周与公司的总经理谈一次话，公司的日常运行是由他们负责的，我只是偶尔去一趟办公室。

最近，EQUIP的总经理和首席执行官约翰·赫尔说："约翰，你每次来办公室的时候，很容易就重新融入我们的世界了。"我觉得这个说法非常有意思，就问他这是什么意思。

"你对气氛和环境非常注意。"他解释说，"你问的问题非常好，很快就能跟上我们的脚步。你回到办公室的时候从来不会让人觉得很尴尬。"我细细一想，意识到他描述的正是我对领导直觉的运用。

在各种情况下，领导者会注意到别人忽略的细节。他们会"调节到"领导者的兴奋状态。很多领导者把这种能力描述为"嗅出"自己组织的情况。他们能感觉到人们的态度，察觉到团队气氛的变化，知道什么时候事情进展顺利、什么时候在走下坡路、什么时候做好准备暂停发展。他们不需要详细审查各种数据、阅读报告，或者察看资产负债表。他们在看到这些事实之前就已经了解到了情况。这就是领导直觉的结果。

> 天生才能和习得的技能共同创造出一种以博识为基础的直觉，使得领导方面的难题在领导者面前迎刃而解。

**领导者是动向的考察者**

大多数追随者关注于当前的工作。他们考虑的是手头的任务、项目或者具体目标。这是应该的。大多数经理关心的是功效和效率，他们比员工的眼界更宽，考虑的是几个星期、几个月甚至几年的目标。但是领导者看得更远，他们看的是几年，甚至几十年以后的发展。

我们身边的每一件事都是在一个更大的背景下发生的。领导者有能力——也有责任——后退一步，跳出当前发生的情况，不仅要认清整个组织现在所处的位置，还要明确组织今后的发展方向。有时候，他们可以通过分析得出这些结论，但是最优秀的领导者往往能够首先察觉到，然后再找数据作为解释。他们的直觉告诉他们某些事情正在发生，某些条件正在改变，某个麻烦或者机遇正在临近。领导者必须总是走在最优秀的追随者前面，否则他们就不是真正地领导别人。只有能够体察动向，才能做到这些。

**领导者是自身资源的考察者**

领导者与其他人的重要区别之一就是他们看待资源的角度不同。遇到难题时，一个好职员会想，我怎么做才能有助于问题的解决呢？一个成就较高的人会自问，我怎样才能解决这个问题呢？一个顶尖的执行者会考虑，我必须怎么做才能达到更高水平，从而解决这个难题呢？

领导者的想法是截然不同的。他们会从资源的角度来思考问题，以及如何最大限度地利用资源。他们在挑战、难题或者机会来临的时候，会这么考虑：谁是负责这个问题的最佳人选？我们拥有什么资源——原料、技术、信息等——能够帮助我们？解决这一问题需要多少资金？我如何激励团队成员取得成功？

领导者用领导直觉来评价一切事物。他们关注于调动人员、利用资源来实现自己的目的，而不是通过自己个人的努力。想要获得成功的领导者要最大限度地利用每一份资产和资源，从而实现整个组织的利益。因此，他们必须始终清楚自己手头有多少资源。

---

想要获得成功的领导者要最大限度地利用每一份资产和资源，从而实现整个组织的利益。

---

### 领导者是他人的考察者

林登·约翰逊总统曾经说过，当走进一个房间，如果你不能辨别谁是支持你、谁是反对你的人，那么你就缺乏从政的素质。这个论述也适用于其他各个领域的领导者。

富有直觉的领导者能够察觉人们中间发生的事情，能读懂他们的希望、恐惧和担忧。

科克·诺威利是我们音久管理服务公司（INJOY）的总裁。他是一位优秀的领导，对人有着超凡的理解能力。一年之中，他几乎每个星期都要到全国各地旅行，向教会董事会作陈述，告诉他们音久管理服务公司都做些什么，然后看看我们能否为他们提供什么帮助。科克能够体察到房间里发生的一切——无论是好奇、怀疑、犹豫、期待还是宽慰。由于他能够做到这一点，他就能够有效地实行领导。

读懂别人也许是领导者应该具有的最重要的直觉能力。毕竟，如果你做的工作与人无关，那就不是领导工作。而如果你不是在说服别人追随你，那么你也不是在当领导者。

### 领导者是自身的考察者

最后，优秀的领导者具有考察自身的能力。诗人詹姆斯·罗素·洛厄尔曾经说过："没有一个对自己完全不真诚的人能够创造出伟绩。"领导者必须了解的不仅仅是自己的优势和弱势、能力和缺点，还有自己当前的心理状态。为什么呢？因为领导者能够阻碍发展，这就和他推动发展一样容易。事实上，摧毁一个组织比建立一个组织更为容易。我们都见到过几代人创建的优秀组织在短短几年之内四分五裂。

当领导者变得以自我为中心、悲观厌世，或者思维僵化时，往往会伤害到自己的组织，因为他们很可能陷入困境，认为自己不能或者不应该改变。一旦这样的事情发生了，这个组织就很难扭转局面，衰败也就在所难免。

## 领导直觉的三个水平

如果你正在自言自语，"我也想体察自己组织中的这些动态因素，但就是无法靠直觉来了解"，不要灰心绝望。有个好消息告诉你，你可以培养自己的领导直觉，即便你不是一个天生的领导者。正如我已经提到过的，领导直觉是一种融会广博见识的直觉。你天生拥有的领导才能越少，你就越需要通过培养能力、积累经验来加以弥补。这些有助于你培养思维方式，而思维方式是可以学到的。

我发现，按照直觉水平，人可以分为三类。

### 1.那些天生懂得领导力的人

有些人生来具有超常的领导天赋。他们本能地了解人，知道怎样将人从一个位置转移到另一个位置。甚至当他们还是孩子的时候，他们就充当了领导者。

看一看他们在操场上，你就看到其他小孩都跟在他们后面。具有天生领导才能的人能够在此基础之上有所发展，成为世界级的领导人，能力超群。

### 2.那些经过培养，可以懂得领导力的人

大多数人都属于这一类。他们拥有充分的人际交往能力，如果他们

愿意学习，他们可以培养直觉。

领导力是可以学会的。然而，不努力提高自己领导力水平、不努力培养自己直觉的人，一生都会受到"思想僵化"的指责。

**3.那些从来不懂领导力的人**

我相信几乎每个人都可以培养领导力和直觉。但我偶尔会遇上某个看上去丝毫没有领导头脑的人，他对于提高领导者所需的能力毫无兴趣。你不是这种人，因为这些人从不会拿起一本关于领导力的书。

## 通过改变思维方式培养直觉

几年前，我应邀来到南卡罗来纳大学，了解到大学橄榄球的很多知识，知道了四分卫是如何接受思维训练的。当时他们的教练是拉里·史密斯。他请我在一次重大比赛前给特洛伊橄榄球队作讲演，同时允许我参观球队的攻方训练室。

每一面墙上都挂着黑板，教练们在上面画出了球队可能遇到的每一种情况，并根据当时的局数、球的位置与码数来拟定最佳战术——这都是教练根据自己多年的经验以及对于比赛的直觉认知设计出来的。

我发现墙边靠着一张小床。当问这张床是用来做什么时，攻方负责协调的教练说："我星期五晚上总是睡在这里，以确保我记住所有的战术。"

"哦，可是你们已经把所有战术都画在纸上了，你明天不是可以带到场地边界线上去吗？"我说，"你为什么不直接看那张图纸呢？"

"我不能依靠它。"他回答说，"时间紧迫。你想啊，持球者的膝盖一着地，我就必须知道下一步我们应当采取哪种战术。没有时间四处摸索查资料，然后再决定怎么做。"他的职责就是要将教练的直觉在一瞬间内付诸行动。

---

领导者必须要考察情况，凭着直觉就知道应该下令用哪种战术。

---

教练并没有到此为止。三个南卡罗来纳的四分卫必须记住所有的战术。在比赛前夕，我看到教练训练那些年轻人，按照不同情况，一次次向他们投球。四分卫的职责就是记住在哪种情况下应该运用哪种战术。教练想要这些球员充分掌握情况，做好准备，这样到了紧急关头他们的直觉就会发挥作用。这将有助于这些队员有效带领整支队伍。

## 领导者用直觉法则来解决问题

当领导者遇到困难时，他们会利用直觉法则，先是下意识地去权衡轻重，然后就着手解决问题。他们用领导者的直觉来评价一切事物。举个例子，领导直觉近几年在苹果电脑公司发挥了重要作用。几乎每个人都知道苹果公司的成功故事。该公司是1976年史蒂夫·乔布斯和史蒂夫·沃兹尼亚克在车库里建立起来的。大约4年以后，公司上市，开盘价每股22美元，共出售460万股。这使得40多位雇员及投资者一夜之间成为百万富翁。

但苹果公司的经历并非一帆风顺。自从早年开始，苹果公司的成功、股票价值以及吸引顾客的能力都产生了巨大波动。乔布斯于1985年在与首席执行官约翰·斯卡利的一场斗争中被排挤出局。约翰·斯卡利是百事前总裁，乔布斯于1983年招募他进了苹果公司。斯卡利之后是1993年上任的迈克尔·斯宾德勒和1996年上任的吉尔伯特·阿默里奥。没有一个人能够重振苹果公司的辉煌。在鼎盛时期，苹果公司卖出的个人电脑占全美市场的14.6%。到1997年，销售量下跌到3.5%。这时，苹果再次将目光转向最早的创始人——史蒂夫·乔布斯，寻求他的帮助。这家日益衰退的公司相信，只有乔布斯能够拯救自己。

> 当领导者遇到困难时，他们会利用直觉法则，先是下意识地去权衡轻重，然后就着手解决问题。

## 重振苹果公司

乔布斯凭着直觉对情况进行了回顾，接着立即采取行动。他知道，如果不变更领导班子，改革是不可能进行下去的。因此，他大刀阔斧解雇了原来的董事会成员，只留下两名，然后任命了新成员。他还对管理人员进行了变动。他解雇了公司原来的广告代理人，让另外三家公司来竞标承包。

> 没有变革，就不可能有进步。

他还重新调整了公司的经营重点。乔布斯想要转回到公司一向最被人看好的那些基础产品：利用自身特色，开发出一些与众不同的产品。

当时，乔布斯是这么说的："我们回顾了新产品的研发计划，削减了超过70%的项目，只留下30%的精华项目。此外，我们还增加了一些新项目，让人们用一种全新的眼光来看电脑。"

以上这些措施尚不足为奇，最令人惊讶的是他真正显出纯粹是根据"直觉法则"来做事的时候。他考察了苹果公司的情况，做出了一个与苹果之前的想法在本质上截然相反的决定。这是一次令人难以置信的跨越，完全是出于领导直觉。乔布斯与苹果公司员工们心目中最大的敌人——比尔·盖茨缔结了战略性联盟。乔布斯解释说："我给比尔打了个电话，说微软与苹果应该更加紧密合作，但我们还有一件事情要解决，那就是知识产权纠纷。那就让我们一起解决吧。"

他们很快达成协议，解决了苹果与微软之间的法律纠纷。比尔·盖茨承诺还清对苹果的债务，并投资购买价值1.5亿的无表决权股票。这就为未来的合作关系铺平了道路，并且为公司带来了所需的资金。这种事情只有富有直觉的领导者才做得出来。苹果的股票一下子上涨了33%。苹果公司终于重新获得了失去数年的威望。

## 音乐的革命

2001年，乔布斯做出了另一个依靠直觉的领导决策。当其他电脑生产商都热衷于生产个人掌中宝（PDA）时，他却把目光投向了音乐。当一个名叫托尼·菲德尔的独立承包商和硬件专家来到苹果，提出了一个关于MP3播放器以及音乐销售公司的方案时，苹果采纳了他的想法，虽然此前几家公司都拒绝了。苹果雇用了菲德尔，他们开始研发后来称之为iPod的产品。

乔布斯对iPod的投入表明了他的领导直觉。本·诺斯当时参与了该项目，他说："关于iPod，最有趣的一点就是，自从项目开始，它就占据了史蒂夫·乔布斯所有的时间，并不是所有项目都获此荣誉的，他全身心投入到了这个项目的每一个方面。"为什么乔布斯要这么做呢？因为他的领导直觉使他明白这个产品将产生多大的影响。这与他的创造一种电子化生活方式的展望是一致的。

乔布斯是对的。iPod销售量出奇的高，超过了当时苹果公司的电脑销量。苹果获得了巨额利润，而其他技术公司则遭遇困境。截至2002年春，苹果销售了超过1000万台iPod播放器。到2005年底，苹果占领了世界电子音乐播放器75%的市场。

乔布斯的故事提醒我们，领导力的确是一门艺术，而不是科学。领导力的原则是不变的，而各个领导在各种情况下运用这些原则时必须作相应改变。正是这个原因，才需要直觉的帮忙。如果没有领导力直觉，领导者会变得思维僵化，而这对于领导者来说是最糟糕的事情之一。如果你想要长期领导下去，做一个成功的领导者，走在别人前面，那么你就必须遵守直觉法则。

将

## 直觉法则

应用于你的生活

1.你在相信自己直觉方面做得如何？你是一个注重事实还是注重感觉的人？

要更好地遵守直觉法则，你首先必须愿意去相信自己的直觉。从你自己最擅长的领域开始做起。

首先，确定你最擅长的天生才能是什么。然后，发挥你的该项才能，注意你自己的感觉、本能和直觉。

什么时候你会在有证据之前就知道某件事是"正确"的？你如何知道自己什么时候"进入状态"？你在该领域的直觉是否曾经背叛你？如果是的话，是什么时候？为什么？在你尝试提高领导直觉之前，要知道自己在擅长的领域直觉能力如何。

2.领导力中的重要能力之一就是了解人。你认为自己在这个方面做得怎样？你如何知道别人是什么感受？当别人烦恼、高兴、疑惑、生气的时候，你能觉察到吗？你能预料到别人会怎么想吗？

如果你在这个方面并不擅长，那就通过以下几件事情来提高：

- 阅读关于人际关系的书籍
- 与更多的人交谈
- 做一个观察者，注意观察别人

3.训练自己从动员人力、利用资源的角度来思考问题。考虑一下当前的项目或者目标。然后想象一下，你如何能通过招募人员、授权、动员别人来实现目标，而自己不需要做别的工作？

你甚至可以把下面这些话写在卡片上，放在衣服口袋里或者文件夹里：

- 谁是负责这个问题的最佳人选？
- 我们拥有何种资源能够帮助自己？
- 解决这一问题需要多少资金？
- 我们如何激励团队成员取得成功？

# 9.吸引力法则

## 你只能吸引和你相似的人

高效的领导者总是在找寻得力的部下。我想我们每个人脑子里都有一张清单，记着我们的组织或者部门想要什么样的人。仔细考虑一下，你知道现在自己在找什么样的人吗？你认为完美的雇员是怎样的？他们具有哪些品质？你希望他们闯劲十足、有事业心吗？你是在寻找领导者吗？你在意他们是二十几岁、四十几岁还是六十几岁吗？现在停下来，拿出一点时间，写下你想要自己团队的人具有哪些品质。找出一支铅笔或者钢笔，在你往下读之前开始动笔。

我的部下应该具有下列品质：

_____
_____
_____

那么，是什么决定你能否找到自己想要的人呢？是什么决定他们是否拥有你期望的那些品质呢？你或许会对答案感到吃惊。不论你信还是不信，你所吸引的人不是由你的愿望决定的，而是由你的为人决定的。

回到你刚才列的清单，对照你写下的每一点，看看你是否拥有那些品质。比如说，如果你写下说你想要"优秀的领导者"，而你自己正是卓越的领导者，那就对上了。在旁边大打一个钩（√）。但是如果你自己的领导力水平只是一般，那就打上叉（×），在旁边写上"只是一般的领导者"。如果你写下说你想要"事业心强"的人而你自己拥有这一品质，打个√。否则，标上×，以此类推。现在重新审视这张清单。

---

你所吸引的人不是由你的愿望决定的，而是由你的为人决定的。

---

如果你看到一堆×，那你就有麻烦了，因为你描述的那些人不会想要追随你。在大多数情况下，除非你采取了强有力的措施来弥补，你吸引到自己身边的人都是与你拥有相同品质的人。这就是吸引力法则：你是怎样的人，你就吸引怎样的人来追随你。

## 从音乐才能到领导才能

小时候，母亲经常告诉我说人以类聚，物以群分。当我总是和哥哥拉里待在一起，一起踢足球的时候，我认为这句话对极了。拉里是个运动高手，所以我觉得自己也变成了运动能手。长大以后，我本能地发现好学生总是和好学生在一块，而贪玩儿的学生们也黏在一起，依此类推。但是直到我搬到加利福尼亚州的圣地亚哥，最后一次担任教会牧师的时候，才真正理解吸引力法则的作用。

我在天际线教会的前任是奥维尔·巴切博士。他非常出色，拥有许多可敬的品质。他的长处之一就是音乐才能。他会弹钢琴，有着优美的爱尔兰男高音，甚至现在已经80岁高龄仍然如此。当我1981年来到教会的时候，天际线教会以优美的音乐而名声在外，而它杰出的音乐作品更是享誉全国。事实上，教会里有很多才华横溢的音乐家和歌唱家。在巴切博士领导教会的27年里，只有两位音乐指挥为他工作过——这是一项令人难以置信的记录（作为比较，我在那里工作的14年里，雇用过5个拥有指挥才能的人）。

为什么天际线教会有这么多杰出的音乐家呢？答案就在于吸引力法则。拥有音乐天赋的人自然是受到巴切博士的吸引而去的。他们尊敬他，理解他，他们有着共同的动力和价值观。他们和他是一个世界的人。领导者根据自身特点和自己所做的工作来塑造一个团队的文化。音乐受到了高度重视。练习演奏，进行出色的表演。音乐走进了社区，深深地融入团队文化之中。

相反，我喜欢音乐，但我不是音乐家。有趣的是，当我应聘天际线教会的职位接受面试时，他们首先就问我会不会唱歌。当我告诉他们我不会唱歌时，他们非常失望。进入教会董事会之后，来教会的新的音乐家的人数很快就减少了。但我们拥有的音乐家人数还是超过所需要的比例，因为巴切博士已经在这个领域建立了发展势头，留下了优良的传统。但是你知道哪种人开始来我们教会了吗？领导者。我重视领导力，自己以身作则，培养人们的领导力水平，并且对此给予奖赏。领导力成为了组织构造的一部分。到我离开天际线教会的时候，该教会不仅拥有上百名优秀的领导者，还培养并输出了上百名领导者。原因归结于吸引力法则。我们的组织像一块大磁铁，吸引着具有领导才能的人们。

## 他们哪里相似

也许你已经开始回想你吸引到自己组织中的人了。你可能会说："等一下。我能说出我的部下与我之间的20个不同点。"那我就会回答说:"你当然可以列出来了。"我们都是不同的个体。但是受到你吸引的人可能共同点比不同点要多,尤其是在一些关键领域。

看一看下面一些特征。如果你招募或者雇用了职员,你可能会发现你和这些追随自己的人在下面几个关键领域有着很多共同之处。

### 年龄

大多数组织都会反映出其主要领导的特征,其中包括他们的年龄。在网络盛行的20世纪90年代,成千上万的公司是由二三十岁的人创立的。他们会雇用谁呢?当然是雇用其他二三十岁的人。几乎在任何类型的组织中,董事会成员往往与雇用他们的领导者年龄相仿。这种情况经常发生在各个部门。有时候,整个公司都会出现这种情况。

### 态度

我很少看到积极的人与消极的人之间相互吸引。将生活看作是一连串的机遇和激动人心的挑战的人,不愿意听到其他人总是抱怨事情有多么糟糕。

我知道这对我来说是千真万确的。人们不仅仅是吸引看法相同的人,他们的看法也会变得越来越像。态度是人类所具有的最容易相互传染的特征之一。心态好的人会让周围的人都变得积极,而心态不好的人会让周围的人情绪低落。

### 背景

在过程法则一章中,我提到了西奥多·罗斯福。他最令人难忘的创举之一就是在美西战争期间,与强悍的骑士一起英勇地冲上了圣胡安山。罗斯福自己组建了这一支全部由志愿者组成的骑兵队,据说这是一队极其不同寻常的人。骑兵队主要由两种人组成：来自东北地区的富有贵族与来自美国西部的牛仔。为什么呢？因为罗斯福是纽约人，出身贵族，在哈佛接受教育，而他同时又把自己变成美国西部达科他州真正的牛仔、勇猛的猎手。他在两个世界中都是强大的、真正的领导者。最后，他将这两种人都吸引过来了。

人们吸引其他有着相同背景的人，同时也被他们吸引。蓝领的工人们通常团结在一起。雇主喜欢雇用来自同一种族的人。受过教育的人往往尊敬并且看重那些同样受过良好教育的人。这种吸引力那么强大，以至于崇尚多样性的组织必须与此相对抗。

比如说，在美国橄榄球大联盟，球队所有者是白人，几十年来，所有的主教练都是白人。但是由于联盟成员重视种族多样性，他们制定了一个多样性政策，要求球队在面试选拔主教练时，至少有一名少数民族候选人。这一政策使得更多高素质的黑人主教练得到了雇用（但是除了种族以外，所有教练的其他背景还是惊人的相似）。

**价值观**

人们会被吸引到那些与自己价值观类似的领导者身边。想一想约翰·肯尼迪1960年当选总统后聚集到他身边的那些人。他是一位年轻的理想主义者，想要改变世界，他吸引了带着同样态度的一群人。当他组建了和平队，号召人们去奉献，当他说"不要问你的国家能为你做什么，问问你能为你的国家做什么"时，满怀理想的一批人走上前来，应对挑战。

这与共同价值观是积极的还是消极的无关。两种情况下，吸引力都是一样巨大。想一想阿道夫·希特勒那样的人物。他是一个非常有力的领导者（这一点你从他的影响力上可以看出来）。但是他的价值观腐朽到了极点。他吸引了什么样的人呢？与他拥有类似价值观的领导者：赫尔曼·戈林，盖世太保的创建者；约瑟夫·戈培尔，尖酸的反犹太分子，负责为希特勒宣传造势；莱因哈德·海德里希，纳粹秘密警察的第二司令官，下令对反对纳粹者进行大屠杀；海因里希·希姆莱，纳粹党卫军军长，盖世太保的总头目，发起了有计划的犹太人大屠杀。他们都是强悍的领导者，他们都是坏到骨子里的人。吸引力法则的作用是巨大的。无论你拥有什么品质，你很可能在追随者的身上也发现那些品质。

### 精力

精力水平差不多的人相互吸引，这是一件好事。因为当你把一位精力旺盛者与一位精力不足者搭配在一起，让他们一起共事，他们会将彼此逼疯。精力旺盛者会觉得精力不足者偷懒，而精力不足者会认为精力旺盛者过于疯狂。

### 天赋

人们不会找一个能力平平的人做自己的领导，而是被才干和优秀成绩所吸引，尤其是在他们自己擅长的领域。他们最容易尊敬并且追随那些与自己有着同一种才能的人。商人想要追随能够建立公司、获得利润的老板。足球运动员想要追随拥有足球才能的教练。创造性人才想要追随打破常规思维的领导者。物以类聚，这一点看上去非常明显。但是我见到过很多领导者，他们希望高水平的人能够追随自己，尽管他们自己并没有这些才能，而且他们没有表现出对这些才能的重视。

### 领导能力

最后，你所吸引的人与你有着类似的领导能力。正如我在尊重法则一章中曾经讲到的，人们自然会跟从比自己强的人。但是你也必须考虑吸引力法则的作用，也就是说，你是怎样的人，你就吸引怎样的人。如果你的领导力水平是7级，你更可能吸引5级和6级水平的人，而不是2级和3级水平的人。你所吸引的领导者在领导风格和领导能力上都会与你类似。

### 身体力行

马凯特大学篮球队主教练阿尔·麦奎尔曾经说过："一支球队的性格应该是教练性格的延伸，因此我的球队一向都是傲慢而又恶劣的。"事实上，这不仅仅是"应该"的问题——团队"必然"成为其领导者个性的延伸。

### 反其道而行之

读到这一章时，你也许会发现自己处于以下两种情况之其一。你也许正在对自己说："我并不看好我所吸引的人。我是不是陷入了困境？"答案是："不是。"如果你对于自己吸引的人的领导能力并不满意，那就采用过程法则，努力提高自己的领导能力。如果你想提高一个组织的水平，那就提高该组织领导者的水平。如果你发现自己吸引的人并不可靠、无法信任，那就对你自己的品质作一番自省。磨炼坚强的品格是一条艰难的道路，但是回报也是巨大的。优秀的品格能够改善一个人生活的各个方面。

另一种情况是，你可能在想："我欣赏自己的为人。我也欣赏我所吸引的人。"好极了！现在，你可以实施有效领导的下一步。招募一些与你不同的人来弥补你自己的不足。如果你不这么做，很可能会忽视一些重要的组织任务，整个组织最终也会受到危害。如果一个组织中的所有人都是一个想法，或者一个人一个想法，这个组织就不能充分发挥自己的潜力。

领导者也有可能招募到与自己不相似的人，但是这些人不是自然而然地为他所吸引的。吸引与自己不相似的人需要带着高度的目的性。为了取得成功，别人必须相信你，而且你提出的未来展望必须极具说服力。关于这一点，你可以在接纳法则中学到更多。

## 历史改变进程

你一旦懂得了吸引力法则，几乎在各个领域都能看到它的巨大影响：商业、政治、体育、教育、军事，等等。当你读历史的时候，找一找线索。从美国历史上内战时期的军事领导者那里可以找到吸引力法则一个最生动的例子。当南方各州宣布独立时，很多将军都面临着为哪方而战的问题。罗伯特·李被认为是全国最杰出的司令官，事实上，林肯总统曾经邀请他统率联邦军队。但是李不愿意与自己的家乡弗吉尼亚相对抗，他拒绝了邀请，加入了邦联——而这方土地上最优秀的将军都跟在了他后面。

你是越优秀的领导者，就能吸引越优秀的领导者。

如果李当时选择了带领联邦军队，很多其他优秀将领都会追随他去北方。因此，这场战争本来或许会更快结束。有人推测说，这场战争可能会持续两年而不是五年——成千上万个人的性命原本可以得救。这正向我们说明，你是越优秀的领导者，你就能吸引越优秀的领导者。而这将对你所做的每一件事产生令人难以置信的影响。

当前被吸引到你的组织或者部门的人，你认为他们怎么样？他们是你想要的那种强有力、精明能干、有潜力的领导者吗？或者，他们原本应该更优秀？记住，他们的素质并不完全取决于一次招聘过程、一个人力资源部门，或者是你眼中你们领域求职者必须拥有的素质。这取决于你。你是怎样的人，你就吸引怎样的人来追随你。这就是吸引力法则。如果想要吸引更优秀的人，那你就首先成为你自己想要吸引的那一类人。如果你觉得你所吸引的人原本应该更优秀，那就到了你应该提高自己能力的时候了。

## 将 吸引力法则 应用于你的生活

1.如果你刚才没有写你希望自己的部下具有哪些品质,那么现在就完成这个练习吧。写完之后,想一想为什么你希望他们拥有这些品质。在动笔过程中,你是在描写跟你类似的人还是跟你不同的人?如果你对自己的评价与你对雇员的要求不相符,那么你的自我意识水平并不高,而这可能会影响你的个人发展。找一个你信任的同事或者非常了解你的朋友谈一谈,让他帮助你了解自己的弱点。

2.根据你所吸引的人,你或许需要在品质和领导力方面有所提高。找几位愿意帮助你也有能力帮助你的导师,在每个方面帮助你提高。在理想情况下,你的领导力导师应该与你在同一个或者类似领域工作,而且他(她)在职业生涯上已经走在了你的前面。

3.如果你已经吸引了你所希望的那一类人,那么你就可以进入领导力培养的下一个阶段。努力弥补自己的弱势,招募一些能够在某些能力上弥补你领导力不足的人。列出你最强的五项能力,然后列出你最弱的五项能力。

现在,可以大致描述你在找什么样的人了。从与你的弱点相对应的能力开始写,再加上与你类似的价值观和态度。还要考虑是否加入年龄、背景和教育等因素,如果这些因素不同,是否会有帮助?最后,找一个具备优秀领导者潜质的人,或者至少了解并且重视领导力的人。对于一个优秀领导者来说,一个满脑子官僚主义的合作伙伴是最令人苦恼的。

# 10.亲和力法则

## 领导者深知，得人之前必先得其心

在领导者的生活和工作中，有几个关键时刻会决定他们的领导生涯。在拥护者、大众以及历史学家的眼里，这些时刻往往体现了这些领导的本质以及他们所代表的意义。举个例子来说，我认为，乔治·布什（小布什）的总统生涯可以归结为两个关键时刻，这两个时刻都是他在总统任上亲身经历的。

### 建立亲和力

第一个时刻发生在他第一个总统任期的早期，奠定了那一整个任期的根基。2001年9月11日，美国遭到了恐怖袭击。恐怖分子劫持飞机，撞向世界贸易中心和五角大楼。美国人愤怒了。他们感到恐惧。他们对未来感到茫然。他们悼念死在恐怖分子手中的成千上万条生命。

在世贸中心双塔楼倒塌的4天之后，布什来到了事故现场。他与消防员、警察和救援工作人员待在一起。他与他们握手、倾听，置身于废墟之中。他感谢在那里工作的人们，并且告诉他们："国家把爱和同情带给这里的每一个人。"报道说，当总统来到现场并且与他们握手时，疲惫不堪的搜寻者们重新振奋起了精神。

摄像机捕捉到了布什站在废墟之中与消防员鲍勃·贝克威思拥抱的画面。当人群中有人大喊他们听不见他说话时，布什大声回应说："我能听见你。全世界都能听见你。而那些炸毁这些大楼的人不久将听到我们的回应之声。"人们开始欢呼。他们感觉得到了认可。他们感觉得到了理解。布什以一种他从未有过的方式，在自己与人群之间建立起一种亲和力。

## 没有人深入要地

第二个事件发生在布什第二个总统任期，也奠定了这一任期的基础。这件事发生在2005年8月31日，卡特里娜飓风登陆两天以后。当新奥尔良的防洪大堤崩溃，洪水冲入市区，布什没有像"9·11"事件以后一样亲临纽约进行考察，而是坐在"空军一号"里飞过新奥尔良的上空，透过飞机窄小的玻璃窗来视察洪水造成的破坏。对于沿海人民来说，这是漠不关心的表现。

惨剧的真相逐渐曝光，各级政府当局都没有与新奥尔良市民建立很好的沟通：总统没有，州长没有，市长也没有。等到市长雷·纳金下令市民撤退时，很多贫困居民已经来不及离开了。他派人来到超级穹顶体育馆，建议人们在走之前吃点东西，因为当地政府没有为他们准备必需品。同时，他召开新闻发布会，抱怨说自己得不到一点帮助。而受到灾难最大影响的人们觉得自己遭到了抛弃、遗忘和背叛。

在惨痛的灾难过后，无论布什总统说什么，提供了多大的帮助，他再也无法重新取得人们的信任。当身为民主党的市长纳金在灾难过后一年内再次当选为市长时，他感谢布什"为新奥尔良市民运送物资"，这是实话实说。唐娜·布拉泽尔，另一个民主党成员，自那以后也说布什"非常投入"重建工作，赞扬他敦促国会拨款重建防洪大堤。但到那个时候，布什已经无法消除自己造成的漠然形象。他未能与人民建立起亲和力。他违背了亲和力法则。

## 攻心为上

在与人交往方面，感情要先于理智。无论你是给满满一个运动场的人作演讲，召开一个小组会议，还是试图与你的配偶进行沟通，这句话都没错。想一想你是如何与人交往的。如果你是在听一个演讲者或者老师讲话，你是想听到一连串枯燥的数字呢，还是一系列的事实？或者，你更希望演讲者的讲话更具人情味——也许讲个故事或者笑话？如果你曾经参加过任何一个成功的团队，无论是商业的、体育的还是服务方面的，你就会知道，领导者不会简单地给你一个指示，然后就让你去执行。不会，他（她）会从感情上与你建立亲和力。

领导者要提高效率，就必须发挥亲和力的作用。为什么呢？因为在你请求得到别人帮助前，首先必须要感动人心。这就是亲和力法则。所有杰出的领导者和交际者都懂得这个道理，并且几乎是本能地实践着这个法则。除非被你打动，否则人们不会行动。

弗雷德里克·道格拉斯是19世纪一位卓越的演讲家和黑人领袖。据说他具有超凡的亲和力，当他讲话的时候，总能打动别人。历史学家莱罗内·班纳特这么描述道格拉斯："他能够让大家嘲笑一个口中大谈基督教义的蓄奴者；也能让大家亲身感受到黑人女奴遭蓄奴者残酷虐待时所受的羞辱；又能使大家听见一位黑奴母亲被迫与孩子分离时的抽泣声。透过他，人们会哭泣、会咒骂、会感同身受。透过他，人们可以切身体会到奴隶制的败坏。"

> 除非被你打动，人们不会行动……感情先于理智。

## 成功建立亲和力的领导者

优秀的领导者总是设法与别人建立亲和力，不论他们是与整个组织作交流还是与单独的个人共事。你与追随者之间的关系越牢固，你建立的亲和力也就越紧密——而你的追随者也更可能会帮助你。

我曾经常常对我的员工们说："别人不会在乎你知道多少，除非他们知道你多么在乎他们。"由于听我说了太多遍，他们会连连叫苦，但是他们也意识到这个道理是没有错的。当你与别人建立亲和力，并且表现出你真正关心他们、想要帮助他们时，他们会更加信任你。之后，他们通常会做出友好的回应，也愿意来帮助你。

罗纳德·里根总统就是一个擅长与听众和个人建立亲和力的人。正是因为他能够与听众打成一片，他在总统任上得到了一个昵称：伟大的交际家。同时他也有能力打动那些在他身边的人。他当之无愧可以称之为：成功的亲善领袖。

曾经做过里根演讲稿撰写人的佩吉·努南说，当里根结束长途旅行回到白宫，工作人员听到他的直升机降落到草坪时，大家都会停下工作，工作人员唐娜·艾略特会说："老爹回来了！"他们迫不及待想要见到他。有一些雇员害怕见到自己的老板。而里根的部下们却深受鼓舞,因为他们非常爱戴他。

---

与追随者的关系和感情越牢固,他们就越可能会去帮助领导者。

---

## 与个人亲善

与人亲善的一个要素就是,即使是在团队中,你也必须把他们当作个人来看待。诺曼·施瓦茨科普夫曾经说过:"能干的领导者站在一排士兵前面,他们所看到的就是一排士兵。但伟大的领袖站在一排士兵前面,看到的就是44个个体。他们每一个人都有自己的梦想,每个人都想好好活下去,每个人都想有所作为。"

---

在人群中建立亲和力的秘诀就是把他们当作不同的个体来看待。

---

在我的职业生涯中,曾经有机会给一些非常优秀的听众作演讲。人数最多的时候,是在坐满6万人以上的体育场中演讲。一些同样以演讲为生的同事曾经问我:"你究竟怎么做到对那么多人演讲的呀?"秘诀很简单。我不会尝试着与上万人对话,我只集中与一个人对话。这是建立亲和力的唯一途径,而写书同样是如此。我心里不会想着数百万读过我写的书的人。我心里想的是你。我相信,只要我能与你这个个体建立亲善关系,那么我所提供的东西或许能够帮助你。否则,你就会停止阅读而去做别的事情了。

你如何建立亲和力呢？无论你是对着一大群听众演讲还是在走廊上与某个人闲聊，指导方针都是一样的。

**1.展现真我**

如果想与别人建立亲善关系，那就必须了解自己，对自己充满信心。人们不会听从一个捉摸不定的号召。要自信，做真正的自己。如果你对自己没有信心，对自己的方向不确定，那么在做其他事情之前，你必须先把这些搞清楚。

**2.坦率真诚**

人们在一英里之外就能闻出伪君子的味道。美国橄榄球大联盟的著名教练比尔·沃尔什曾经说过："没有什么比真诚实在的称赞更有效，也没有什么比花言巧语的恭维更令人讨厌。"可信的领导者具有亲和力。

**3.了解对象**

当你与个人共事时，了解对象意味着知道他们的姓名、过去的经历以及他们的梦想。而当你与很多听众交流，你要了解这个组织以及组织的目标。你要谈论他们关心的话题，而不只是你自己关心的话题。

**4.身体力行**

作为一个领导者，你能做的最重要的事或许就是身体力行。这是信任感的源泉。市场上有很多人对别人说一套，自己背后做一套。这样的人做不长久。

### 5.身临其境

作为一个伟大的沟通者，我不喜欢任何形式的沟通障碍。我不喜欢离我的听众太远，或者坐在高高的讲台上面。我绝不希望在我和听众之间存在某种有形障碍。但是一个人的沟通方式也会成为障碍。无论我是在台上演讲还是在办公室与人面对面谈话，为了与对方走得更近，我总是努力用对方的语言来说话。我会尽量考虑对方的文化、背景、教育水平，等等。我会去适应别人，而不指望别人来适应我。

### 6.关注他们，而不是你自己

如果你与我上了同一部电梯，然后让我在下一层走出电梯之前告诉你沟通的秘诀，我会说，关注他人，而不是关注你自己。这是缺乏经验的讲演者最容易出现的问题，同时也是无能领导者的最大问题。如果你的注意力不是集中在自己身上，你就能更快地建立起亲善关系。

### 7.信任他人

向别人传达信息是一回事，与别人沟通是另一回事。前者是因为你相信自己会说一些有价值的话，后者是因为你相信他们有价值。别人对我们的评价与他们对我们自身的看法无关，而在于我们如何帮助他们认识他们自己。

### 8.指明方向，带来希望

人们希望领导者能够带领他们到达自己向往的地方。但是优秀领导者做的不只是这些。法国名将拿破仑·波拿巴曾经说过："领导者是希望的经营者。"这是千真万确的。当你给别人希望，等于让他们拥有未来。

## 这是领导者的职责

有些领导者对亲和力法则不以为然,因为他们认为建立亲善关系是追随者的事。那些位居高位的领导者尤其有这种想法。他们总是想:"我是老板,我有职权。你们是我的雇员,你们来接近我吧。"但是遵守亲和力法则的成功领导者总会采取主动。他们会与别人一起走出第一步,然后继续努力协调关系。这并非易事,但是对于一个组织的成功来说非常重要。领导者必须这么做,无论前方有多少艰难险阻。

我是在1972年学到这一经验的,当时我面临着非常棘手的情况。我来到俄亥俄州的兰卡斯特,去当地一所教会担任领导。对于我来说,我的工作职责将会更上一层楼。在我接受这个职位之前,我听说这个教会刚刚经历了一场有关建筑工程的激烈斗争。一个名叫吉姆的人是其中一个派系的领头人,是教会最有影响力的人物。我还听说,吉姆以愤世嫉俗为名,做事我行我素,不愿合群。他喜欢利用自己的影响力将大家带往另一个方向,对教会发展却没有什么好处。

> 向别人传达信息是一回事,与别人沟通是另一回事。前者是因为你相信自己会说一些有价值的话,后者是因为你相信他们有价值。

由于教会的前任领导不止一次遭到了吉姆的反对,我知道我必须争取他的支持。否则,我就会经常与他发生矛盾。如果你想要获得某人的支持,不要试图说服他——而要与他建立亲善关系。这正是我下决心要去做的。因此，我到新岗位做的第一件事情就是约吉姆在我的办公室见面。

我得承认自己并不是很期待与吉姆见面。他是一个大高个——6英尺4英寸高，体重大约有250磅。他的样子很吓人。此外，他已经65岁了，而我才25岁。这次会面很可能无果而终。

"吉姆，"当他在我的办公室坐下时，我说，"我知道你是这个教会最有影响力的人。我想让你知道，我已经下定决心要尽我所能来与你建立良好关系。我希望每周二能与你在假日酒店共进午餐，讨论一些事情。只要我在这里当领导，我在作有关决定之前首先都会和你商议。我真的很想与你一起合作共事。

"但是我也想让你知道，我听说你是一个非常消极的人，"我接下去说，"而且很喜欢与人争斗。如果你想要与我作对的话，我想我们只好成为对手了。但是，因为你影响力这么大，我知道很多时候你都会胜过我，至少一开始是这样。但是我会与大家建立亲善关系，并且招募新人到教会来。这个教会会不断发展，到了某一天，我就会拥有比你更大的影响力了。

---

主动与别人建立亲善关系，这是领导者的职责。

---

"但是我不想与你为敌，"我向他吐露心声，"你现在已经65岁了。假设你还有10年或者15年的时间，能够身体健康，继续工作。如果你愿意的话，你可以让它成为你最辉煌的岁月，使你的人生富有意义。

"我们可以一起在这个教会干很多大事，"我总结说，"但是一切全在你自己的决定。"

我说完后，吉姆一句话也没有说。他从座位上站起来，走进大厅，在饮水机旁边停下来喝水。我跟在他后面出去，等待着。我不知道他会不会对我大加指责，宣布与我为敌，或者告诉我他不想看到我。

很长一段时间以后，吉姆站得笔直，转过身。当他转过来的时候，我看到眼泪正顺着他的脸颊往下流。然后，他给了我一个大大的拥抱，说："你可以相信，我会站在你这边的。"

吉姆的确站在了我这边。最后，他真的又活了大约10年。因为他愿意帮助我这个怀有理想的年轻人，我们一起做了很多事情。但是如果我在上任第一天的时候没有勇气与他建立亲善关系，那这一切都不可能发生了。

### 挑战越艰巨亲和力越重要

在要求别人追随你之前，不要低估建立亲善关系、发挥亲和力的作用。如果读过著名军事将领的传记，你或许会注意到，最优秀的军事将领都遵循亲和力法则。第一次世界大战期间，在法国，道格拉斯·麦克阿瑟将军在一个司令员即将带领一次危险进攻前对他说："少校，当冲锋号响起时，我希望你能够第一个冲上去，冲在士兵前面。如果你做到了，他们就会跟在你后面。"然后，麦克阿瑟将功勋奖章从自己的制服上摘下来，别在少校的制服上。事实上，他在要求少校英勇表现之前已经对他进行了奖励。当然，这个少校真的冲在了士兵前面，他们跟着他越过了山顶，取得了胜利。

并不是所有关于亲和力法则的军事案例都那么富于戏剧性，但都同样有效。举个例子，据说拿破仑有个习惯，能记住自己带领的每一个军官的名字，记住他们住在哪里，在哪些战役中曾经与自己并肩作战。罗伯特·李在每次大战前夕都会去军营看望士兵。他往往彻夜不眠，看望这些第二天将要参加激战的士兵。近来，我还读到了关于诺曼·施瓦茨科普夫如何在第一次海湾战争期间与自己的军队建立亲善关系的。1990年的圣诞节，他一整天待在各个食堂里，与那些远离家人的人在一起。在他的自传里，他写道：

> 我与排成一队的每个人握手，走到服务台后面问候厨师与帮工，然后穿过拥挤的食堂，祝福每张桌子的人"圣诞快乐"。接着我又去了第二个、第三个食堂，同样这么做。等我回到第一个食堂的时候，又重新来了一遍，因为这一回全部都是新面孔了。之后，我与一些士兵坐在一起，开始我的晚餐。在4个小时的时间里，我大概与4000人握了手。

施瓦茨科普夫是一个将军。他不必这么做，但是他这么做了。他运用了与人建立亲善关系的最有效方法之一，我称之为"融入人群"。也许这句话听起来有点过时，但的确非常有道理：别人不会在乎你知道多少，除非他们知道你多么在乎他们。作为领导，找一些机会与自己的部下接触，记住他们的姓名，告诉他们你有多么欣赏他们，看他们做得怎么样。最重要的是，要倾听。如果一个领导者与自己的部下关系紧密，真正与之心灵相系，那么部下会死心塌地地追随他们。

---

也许这句话听起来有点过时，但的确非常有道理：别人不会在乎你知道多少，除非他们知道你多么在乎他们。

---

## 亲和力的结果

当一个领导者真正与部下建立起亲善关系时,你就能从该组织运行的方式中看出端倪。员工们会表现出忠诚与强烈的职业道德感。领导者的愿景会成为所有人的希望,影响之大难以置信。

西南航空公司是我最欣赏的公司之一。在其他航空公司相继破产倒闭时,这家公司还能够一直保持成功,获得盈利。公司最初的成功及其企业文化的塑造要归功于赫伯·凯勒赫尔——公司的创始人,现在的董事会执行主席。

我很喜欢西南航空的职员们在1994年老板节(Boss's Day)所做的事,因为这表明了凯勒赫尔与其员工建立的亲善关系。他们在《今日美国》(*USA Today*)报纸上利用了一整个版面,刊登了下面这段致凯勒赫尔的话:

> 感谢你,赫伯
>
> 感谢你记住我们每个人的名字
>
> 感谢你支持罗纳德·麦克唐纳基金会
>
> 感谢你在感恩节帮助装载行李
>
> 感谢你亲吻每个人(真的是每一个人)
>
> 感谢你的聆听
>
> 感谢你使公司成为唯一盈利的航空公司
>
> 感谢你在我们的假日派对上一展歌喉
>
> 感谢你每年为我们高歌一次

感谢你允许我们穿着短裤拖鞋上班

感谢你在LUV高尔夫比赛中只用一杆就打了十八个洞

感谢你口才胜过萨姆·唐纳森

感谢你开着你的哈雷摩托车来总部上班

感谢你心甘情愿做我们的朋友，而不只是当老板

祝老板节快乐！

来自你的16 000名员工的16 000份祝福

唯有当领导者努力与自己的员工建立亲善关系，人们才会表现出这样的热情和爱戴。

千万不要低估与部下建立亲和关系的重要性。俗话说："引领自己，要用脑；引领别人，要用心。"这就是亲和力法则的本质。在要人伸手帮你之前，先赢得他的心。

将

# 亲和力法则

应用于你的生活

1."展现真我"到底是什么意思呢？就是说，要了解自己，喜爱自己。从衡量你自己的自我意识水平开始。回答下列问题：

- 我的个性是什么？
- 我的个性中最大的优点是什么？
- 我的个性中最大的缺点是什么？
- 我最大的资本是什么？
- 我最大的不足是什么？
- 我与别人的关系如何？（1–10）
- 我与别人沟通得如何？（1–10）
- 我有多么讨人喜欢？（1–10）

接下来，找三个非常了解你的人来回答关于你的这几个相同问题。对比一下答案。如果他们的答案与你的截然不同，那你就有一些不足之处需要改正。找一个贤明的导师、共同成长的伙伴，或者顾问来帮助你提高自我意识水平，帮助你找出自己的优势，积极对待自己的弱势。

2.学会融入人群。当你与员工或者同事待在一起时，要把建立亲善关系、联络感情摆在首位。在着手工作之前，先要联络感情。对于你还不认识的人，这也许需要一点时间。对于你非常了解的人，还是要花一点时间来增进关系。也许一天只需花费几分钟时间，但是将来会给你带来巨大的益处，工作环境也会变得更加融洽。

  3.优秀的领导者都是伟大的人际关系大师。在1-10的尺度上，你认为自己的公开演讲水平达到哪个程度？如果你对自己的评分是8分以下，那么你就需要努力提高相关能力。阅读关于人际关系的书，上研讨班，通过身体力行、开展交际活动来提高能力。如果你在工作中没有这些机会，那就尝试一下做志愿者。

# 11.核心圈法则

一个领导者的潜力，由最接近他的人决定

每次看到一些天赋极佳的人，我们往往容易相信他们的成功完全靠天生的才能。这样的想法其实是错误的。没有人能够凭借一己之力成就伟业。领导者并不能依靠一个人的努力就取得成功。领导者的潜力是否能发挥，取决于核心成员的素质。也就是说，真正起作用的是领导者的核心圈。

## 惊人的天赋

兰斯·阿姆斯特朗是世界上最具天赋的运动员之一。由于其超人的运动实力，他被人们称为"大自然的奇迹"。他所从事的体育项目——山地自行车——或许是最消耗体力的运动项目。然而，他竟然惊人地取得了环法自行车赛的七连冠，这一自行车赛的运动量可以与在20天内连续跑完20次马拉松相提并论。车手们要在3个星期内完成大约2000英里的赛程，其中包括很多崎岖不平的山路。在最艰苦的比赛日，车手们每天需要吸收多达10 000卡路里的热量来补充身体所需能量。

作为环法自行车赛的常胜将军，阿姆斯特朗已经成为一位传奇人物。作家迈克尔·斯拜克特对阿姆斯特朗的运动能力做出了如下评价：

有三种类型的车手能够在像环法自行车赛这样漫长的分段赛事中获胜：那些擅长爬坡路但在计时赛段中表现平平的车手（在计时赛中，车手分别完成赛事，最后计算用时长短）；那些在计时赛段能够获胜，但不擅长在山地爬坡的车手；还有那些在这两方面表现都还不错的车手。而现在又出现了第四种类型的车手：阿姆斯特朗。他不仅是世界上最好的爬坡车手，同时在计时赛段也无人能及。

显然，很少有人能够达到阿姆斯特朗的水平。他的决心毋庸置疑，训练方法无可匹敌，天赋更是超出常人。然而，如果没有一支优秀的团队，他可能连一次环法赛冠军都无法赢得。

## 一支优秀的团队

自行车赛实际上是一场团队比赛，尽管在普通观众眼中并非如此。在参加环法自行车赛过程中，阿姆斯特朗拥有一支非常优秀的团队。团队的支柱包括他的教练克里斯·卡迈克，以及前赛车手约翰·布鲁尼尔，他是团队的运动指导和主要战术谋划者。这两个人都是不可或缺的人物。最初，阿姆斯特朗倾向于按照自己的方式进行训练，但是效率并不高。他更由于采用自己的战术，结果导致了严重失败。但是一旦团队的这两个核心成员各就各位，阿姆斯特朗就把他惊人的天赋发挥到了极致。

为了进一步采取团队策略，阿姆斯特朗的赞助商和设备供应商——

崔克、耐克、超微公司、邦垂克、禧玛诺和奥克利——被要求要像一个团队那样相互协作，而不是仅仅发挥各自的作用，却不知道别人在做些什么。在当时，这种革命性的方法，将整个团队提升到了一个更高的水平。现在，这已经成为职业自行车赛的标准做法了。

当然，每年都会有其他车手与他并肩作战。在2005年，也就是阿姆斯特朗的最后一个赛季，他的队友包括葡萄牙的阿泽维多，西班牙的曼努埃尔·贝尔特兰、本杰明·诺瓦尔、乔斯·刘易斯·鲁比叶拉，捷克的帕沃尔·帕德莫斯，乌克兰的雅罗斯拉夫·波波维奇，意大利的帕奥罗·萨沃德利和美国的乔治·因卡皮耶。"我想组建一支经验丰富的团队为兰斯的最后一次环法赛带来帮助，这将是决定性的因素。"布鲁尼尔解释道。每一个成员都给团队带来了他们独一无二的技能。

"我认为我们这些人组成了史上最强的车队。"阿姆斯特朗说，"这支队伍继承了许多与往年一致的元素，比如'西班牙无敌舰队'的爬坡能力，身强力壮的乔治、帕沃尔和本杰明，Giro车赛冠军萨沃尔代利，再加上像波波（波波维奇）这样的后起之秀。我期待着领导这支队伍，希望能给'探索频道'车队的伟大队友们赢得黄色领骑衫。"

"兰斯说如果没有队友的帮助，他就不会赢得环法冠军。他是第一个说这种话的人。""探索频道车队"的网站上写道，"在比赛中，其他车手为了兰斯的胜利，都牺牲了个人的荣誉。这正有力地说明了什么才是成败的关键。在过去的几年里，兰斯每次都是在车队的帮助之下，表现出色，所以这两者是相辅相成的。如果整个车队做出了牺牲，而兰斯最终又没有取得预想的结果，我们就会重新制订计划。"

领导者必须出色地完成任务，没有什么能取代他们良好的表现了。但是如果没有一支优秀的团队，他们可能连表现的机会都没有。领导者的潜力是否能发挥，取决于核心成员的素质，这就是核心圈法则。

## 为什么我们需要一支团队

近年来，商业界的人们重新认识到了团队的重要性。20世纪80年代，商业界的流行语是管理，而到了20世纪90年代，他们强调的是领导。如今到了21世纪，关注点转到了团队领导力。为什么呢？因为没有一个人能够做好所有事情。

多年前，当我开始讲授领导力法则的时候，我能看出很多人因为21条法则而感到厌烦。我理解他们的感受，我也深信做事应该越简单越好。我一直主张，人际关系高手接手的事情可能复杂，但是他们做出的结果却相当简单。我原来也希望提炼的领导力法则能够少于21条。但当我总结领导力的本质时，我觉得高效领导者必须要做好这21件事。然而同时我也意识到，没有一个领导者能够同时把这21件事都做好。正是因为这一点，每个领导者都需要一个团队。正如特蕾莎修女所说的："你能做我所不能，我能做你所不能。我们一起合作就可以成就大事业。"这就是"核心圈法则"的力量所在。

---

你能做我所不能，我能做你所不能。我们一起合作就可以成就大事业。

——特蕾莎修女

---

## 独立领导者的神话

并非所有人都能意识到身边的核心圈可以使你步步高升,也能让你毁于一旦。至今仍然有领导者以独行侠的作风作为他们领导的模式。这种领导方式的不切实际可在劳伦斯·米勒的《美国人的精神》(American Spirit)一书中一窥端倪:

> 问题总是以同样的方式来解决。独行侠和他忠心的印第安伙伴骑马并行,独行侠戴着面具及无人知晓的神秘身份、背景、生活方式,他绝对无法与他们所救助的人成为密友,他的能力有部分是出于他的神秘感。独行侠在10分钟之内,就能看出问题的关键所在,认明哪些人是坏人,并前往逮捕他们归案。他以迅雷不及掩耳的手法智取恶棍,拔出枪来将他们收押入狱,结尾总是那些无辜的受害者站在农庄前或市中心广场上,惊叹自己这么奇妙地被解救。

这简直是一派胡言!世上没有独行侠式的领导者。试想:你如果是独自一人,就说明没有一个人跟着你,不是吗?

领导力专家沃伦·本尼斯说得一点儿也不错:"领导者在群体中能够慧眼识英雄,并帮助成员发现自己也可以成就大事。"想想那些高效能的领导者,你就会发现他们周围都有很强大的核心圈。我的朋友费瑟在提到葛培理时,就使我想起这个法则。葛培理成功之道,在于他有一群很出色的核心人物:葛培理夫人、威尔逊、巴罗及比弗里谢。这些人帮助他实现的，远远胜过了他一人所能做的。

这一个法则适用于商业、教会、体育甚至家庭关系上。那些离你最近的人决定了你成功与否。

## 你会将谁划入核心圈

大多数人会建立一个自己的核心圈。然而，他们往往不是有意识这么做的。我们自然而然地会在自己周围聚集一些我们喜欢的人或者让我们感到舒服的人。很少有人会进一步思考自己身边的人如何影响自己的效率或者领导潜力。从一些晋升为职业选手的运动员和事业成功的艺人身上，你总是能看到这一点。有的人则自我荒废，从来没有发挥出自己的潜力，而这往往归因于他们与何种人相处。

要实践"核心圈法则"，你必须有意识地构建自己的关系网。你必须考虑到如何完成自己的任务，并且让追随你的人也获得成功。只有在你发挥出作为领导者的潜力后，你的追随者才有机会发挥他们的潜力。

---
只有在你发挥出作为领导者的潜力后，你的追随者才有机会发挥他们的潜力。

---

当你考虑某些人是否应当进入你的核心圈时，试着问自己以下几个问题。如果对于这些问题都是肯定回答的话，那么他们就是你的核心圈的绝佳人选。

**1. 他们对其他人是否有很大的影响**

成功领导的关键之一就是影响那些对别人具有影响力的人。你如何做到这一点呢？就是要把具有影响力的人纳入你的核心圈。我在俄亥俄州的兰开斯特教会对吉姆（我在"亲和力法则"中曾写到过这个人）就是这么做的。在我刚到的时候，吉姆是教会里唯一一个最有影响力的人。和吉姆建立关系，并将他纳入我的核心圈，我是出于两个目的。第一，通过和他分享我的价值观念、未来目标和领导力哲学，我在向他施加我的影响。我希望他成为传播者，将我的人生目标传达给这个组织中的其他人；第二，我想知道他的想法。如果他对我想做的事情有疑问或者持反对意见，那么我就能够及时发现，并且和他一起妥善解决。而由于他和这个教会中的成员有着多年共处的经验，他常常会领着我绕过那些我毫无所知的潜在危险。

**2. 他们能否给团队带来互补性的才能**

由于具有领导的天赋，你自然能够吸引其他领导者。同时，你也被其他领导者深深地吸引。据说，著名的棒球击球手与其他优秀的击球手相聚时，他们谈论的全是关于击球方面的。对于优秀领导者来说，情况也是类似的。当他们聚在一起时，他们分享彼此的经验，互相提问，探讨看法。在我的领导生涯中，我所做的最成功的事情之一就是将一些关键人物纳入我的核心圈，而这些人的优势正是我的弱势。

在那些人中，其中之一就是我的助理琳达·艾格斯。我向年轻的经理们建议，首先要聘用的最重要的人，就是你们的助理。在琳达身上，我看到了一个完美的化身。她已经和我一起工作了20年。她有一个令人难以置信的关注细节的头脑，她不知疲倦，同时她就像来自《风流医生俏护士》（*MASH*）的"雷达"奥莱丽一样，能够在我意识到自己需要什么之前就替我想到。此外，她现在实在太了解我了，以至于可以代表我对其他人讲话，至少有90%的情况下，她都能知道我会怎么样回答问题。

### 3.他们在团队里是否担任要职

有些人是因为他们对于团队的重要性而成为你的核心圈成员。如果你和他们不是同心协力工作，那么整个团队就会陷入困境。对我来说，音久管理服务公司总裁柯克·诺瑞无疑是最佳人选。没有他的领导，整个组织就都不能顺利运转。EQUIP公司的总裁、首席执行官约翰·豪尔同样处于类似的重要地位。我所做的一些最重要、最有效的事情正是通过EQUIP得以完成的。这个公司已经对全世界100多万领导者进行过培训，并且正准备培训更多的人。

如果EQUIP发生了什么事，陷入错误的发展方向，那么我生活中的很多事就会被迫停止。而这将会使我自己陷入混乱状态。正是这个原因，我让约翰这样一位出色的领导者掌管这家公司，也正是因为这个原因，约翰在我的核心圈中与我关系非常紧密。

### 4.他们能否增加我和团队的价值

我在"增值法则"中曾经讨论过，人们怎样增加、减少、倍增，或者递减别人的价值。你的核心圈成员应该是为你增加价值、倍增价值的人。因此，他们如同团队的资产一样，应该有确凿的成绩记录。下面是埃拉·威尔科克斯的一首诗，母亲在我的成长过程中经常朗读给我听。

今天世上只有两种人，
　　对呀！就只有两种人，

找不到第三种。

这两种人不是好人或坏人，

因为大家心里都明白，

好人有时也会使坏，

而坏人有时也会行善。

真的！我说世上有两种人指的是，

一种人会激励别人，

另一种人只晓得依靠别人。

要为你的核心圈寻找那种能够提升你的价值的人，核心圈成员应当能提升你的个人价值。这并不是自私。因为如果他们造成负面影响，就会阻碍你发挥领导能力，而这将会对你的下属和整个组织带来伤害。

有人曾经告诉我："高处不胜寒！因此你最好弄清楚自己为什么会在这个位置。"的确，领导者肩负着重担。当你处于领先地位，就很容易成为攻击对象。因此，我总是说："高处不胜寒，所以你最好与人为伴。"如果一个人能够鼓励你，但又不是唯唯诺诺的人，而是忠实的支持者和朋友，还有谁比这样的人更合适呢？古代以色列所罗门王发现了这个真理："钢铁相互磨砺，朋友相互支撑。"要将那些能够帮助你取得进步的人纳入核心圈。

---

高处不胜寒，所以你最好与人为伴。

---

### 5.他们能否给核心圈的其他成员带来积极影响

我坚信团队成员之间"化学反应"的作用，如果你的核心圈成员开始同心协力像一个团队那样工作，那么你就需要考虑成员之间的相互影响。首先,你希望他们相互协调。正如冠军篮球队的队员拥有互补的技能和合适的位置一样,你希望核心圈成员的每位成员各有所长,每个人都能在互不干扰的情况下做出自己的贡献。

其次,你希望核心圈成员能够互相促进,共同进步。有时候,他们因为相互鼓励而取得进步;有时候,他们因为分享信息和智慧、互相帮助而取得进步;也有时候,他们因为友好的竞争而进步。无论在哪种情况下,如果他们提升了团队其他成员的能力,他们也会提高领导者的能力。

### 鉴别→培养→吸收

此外,你还需要回答一个关于核心圈潜在人员的问题。我并没有将它与上述五个问题并列,因为对这个问题的肯定回答并不一定意味着他们应该成为你的核心圈成员。然而,对该问题的否定回答却一定表明他们不应当属于你的核心圈。这个问题就是:他们在做任何事情时都显得出色、成熟、具有优秀品质吗?

你只有在对他们已经相当了解的情况下才能回答这个问题,这也意味着你将很有可能在自己的组织内挑选核心圈成员。事实上,在大多数情况下,在他们准备进入核心圈之前,你还需要对他们进行培训。当你在寻找合适人选以及在和他们共事时,你应当采纳曾经长期担任安捷伦科技公司总裁、首席执行官及主席的奈德·巴特的建议。他认为,就领导方面而言,一个组织可以分为三类人:(1)积极而追随者;(2)迟疑而不知如何面对者;(3)消极而不敢有所作为者。"以前,我把很多时间花在那些最消极的人身上,"巴赫特说,"试着去改变他们。现在,我的大部分时间都花在第一种人身上,因为他们才是最值得我花费时间的对象。"

## 不断提升你的核心圈素质

我必须承认，我有幸拥有一个非常优秀的核心圈团队，这个核心圈团队包括家庭成员、老员工、受人尊敬的同事以及私人顾问。他们所有人都能提升我的价值，他们帮助我产生的影响超过了我个人所及的范围。我不断地寻找可以成为我核心圈成员的人，因为我从40岁开始就意识到，仅仅靠你自己一个人最多只能走这么远。一旦你达到时间和精力的极限，扩大影响力的唯一方法就是通过他人。我核心圈的每一个成员都是出色的执行者，他们或者将我的影响扩大至我所不能及的范围，或者帮助我成长为一个更优秀的领导者。

当然，没有哪个领导者一开始就有一个强有力的核心圈。当领导者走上新的岗位时，他们往往不得不从零开始组建自己的核心圈。1981年，我接受邀请主持加利福尼亚圣地亚哥教区的天际线教会，当时的情形就是如此。这个教会有着辉煌的历史，享誉全国。它是由奥维尔·巴切在20世纪50年代创建的。奥维尔·巴切是一个极其伟大的人，在这里任职了27年后退休。巴切博士以他的领导力，曾经影响了成千上万人的生活。这是一座不错的教会，但却存在一个问题，那就是它已经好多年都没有发展壮大了。

---

领导者的潜力能否发挥，取决于核心成员的素质。

---

领导力21法则

我在接手这份工作后做的第一件事就是和每个教牧同仁会面，进而了解每个人的能力。几乎在第一时间我就发现了这座教会停滞发展的原因。教牧同仁虽然都是好人，但他们并不是强有力的领导者。不论我如何在他们身上下工夫，他们都不能把这个组织带到我们应该前进的方向。在一个那样规模的教会里，所有教牧人员都是领导者的核心圈。如果他们都很有能力，那么领导者就能产生巨大的影响。如若不然，再优秀的领导者也无所作为。这就是"核心圈法则"。

摆在我面前的任务很明确：需要把不够有力的领导者请出去，把更好的请进来。这也是我能够扭转颓势的唯一方法。在我的脑子里，我根据他们的领导能力和执行能力将他们分成三组。首先，我马上开除了能力最弱的那一组，并且用我能找到的最优秀的人来代替他们。然后，我开始整顿中间那一组，最后是最好的那一组。经过努力，这个教会立即开始取得发展。三年以后，原有员工有2/3都被更好领导潜质的人替代了。一旦核心圈达到了更高水平，这个组织也将达到一个新的高度。在几年间，教会每周出席的人数规模增加了两倍，从1000人增长到3300多人。

我们在天际线教会取得的发展要归功于"核心圈法则"。当我们拥有了优秀的员工，我们的潜力将会得到完全爆发。我在1995年离开的时候，来自全国各地的领导者都想邀请天际线教会的主要员工去他们的组织工作。因为他们认识到了"核心圈法则"的力量，希望雇用他们能够找到的最优秀的员工，以激发自身的潜能。

---

雇用能找到的最好员工，尽你所能培养他们，尽你所能将事情交付他们。

---

李·艾科卡说，成功不是源于你知道什么，而是源于你所认识的人以及你是如何向他们展现你自己的。这句话道出了很多道理。如果你想要加强自己的能力，并且发挥出作为领导者的最大潜力，你首先要做的是尽你所能，始终做一位最好的领导者。然后，在你的周围招揽你能找到的最好的领导者。千万不要忘记，领导者的成败取决于最接近他的人。这就是"核心圈法则"——你期望达到最高水平的唯一方法。

## 将**核心圈法则**应用于你的生活

1.知道谁是你的核心圈成员吗？他们就是在你拥有领导职务之前向你提供建议、支持并帮助你做事的人。当你只带领几个员工时，那么所有那些雇员都是你的核心圈成员。

列出你的核心圈成员的名字。在每个名字旁边写上每个人做出的贡献。如果他们没有一个明确的职责或者具体的贡献，就写上你认为他们有可能做出贡献的方面。找出缺口和重复的地方。然后开始寻找别人来填补这些缺口，并考虑如何裁减冗员。此外，做好准备将现有成员替换成更有潜力的人，以达到你的预期目标。

2.强大核心圈的形成并非偶然。高效的领导者不断地培养着现有的和未来的核心圈成员。他们是怎么做到的？

- 他们有意识地花费额外时间和成员相处，以此指导他们，并增进关系。
- 他们赋予成员更多的责任，寄予更高的期望。
- 当工作进展顺利时，他们给予成员更多的功劳；而当工作发展不顺利时，他们让成员承担责任。

检查一下你的核心圈成员名单，确定你是否对他们采取了这些措施。如果没有，就开始做出改变。此外，一定要按照这种培养方法培养一批潜在的核心圈成员。

3.如果你领导着比较多的员工，那么，就不是每一个为你工作的人都是你的核心圈成员。你应当在什么时候向一个更小范围的核心圈——团队内部的团队转变呢？

- 当你的直属工作人员超过7个人时
- 当你不能直接领导每个人时
- 在志愿者工作领域，当除了领薪员工之外还有其他人也应该是核心圈成员时

如果你的情况符合上述条件，那么，你应当开始考虑运用上面列举的培养战略，创建一个范围更小的核心圈。

# 12.授权法则

## 有安全感的领导者才会授权予人

几乎所有人都听说过亨利·福特,他是汽车业革命性的创新者,更是美国企业史上的一位传奇人物。1903年他创立福特汽车公司时,带着这样一个信念:将来汽车业的前景,必须是普及到让一般美国人都买得起。福特说:

> 我要为社会大众制造一种汽车——大到能够容纳一个家庭,小到一个人也能驾驶并维护保养;用最好的材料,由最优秀的人员按照最先进的技术,以最简易的设计制造出来。最重要的是做到价格低廉,让每一个有收入的人都买得起,能够与全家人在上帝所造的原野上奔驰,享受欢乐时光。

福特终于实现了他的梦想,制造出了"T型车"——它改变了20世纪美国人生活的全貌。一直到1914年,全美将近半数的汽车都是由福特公司制造的。

## 鲜为人知的一面

然而亨利·福特的故事并不都是正面的典范，理由之一就是，他没有遵守"授权法则"。亨利·福特曾着迷地酷爱他设计的T型车，既不愿在上面作任何改进，也不愿任何人去修改它。有一天，一群设计师给他看一种改良的汽车原型，让他大感震惊而且愤怒。福特拆了车门，捣毁了整辆模型汽车。

将近20年，福特汽车公司只生产T型车——这是他亲自研发的产品。直到1927年他才心不甘情不愿地同意推出新一代的汽车——A型车到市场上，但其在技术的突破上早已经远不及其他竞争者。虽然它起步很早，而且一直领先于所有竞争者，但福特汽车公司产品的市场占有率持续下跌。到1931年，市场占有率已经下跌到28%，仅仅是17年前的一半多一点。

亨利·福特是最反对授权给他人的领导者。他常常私下破坏、诋毁自己手下的领导，并不时干涉他们的决定。他甚至在公司里创立了安全部门来监察他的员工，并纠正他们的私生活。随着时间的流逝，他越来越独断专行。有一次，他竟然走到公司的会计部门，把公司的账簿丢出窗外说："只要把我们赚来的钱都放到一个大桶里，当材料运来的时候，到桶里取钱付款就可以了。"

或许福特最怪诞的行为要算是对付他的经理们，尤其是他的儿子——艾德塞尔。艾德塞尔自幼就在福特公司工作，当福特越来越怪异时，艾德塞尔越发勤奋地工作以使公司能挽回劣势。如果不是艾德塞尔，福特汽车公司很可能在20世纪30年代的时候就结束营业了。福特最终将公司总裁的职位交给艾德塞尔，但同时他却暗地里拉自己儿子的后腿。更有甚者，只要被看好的领导者崭露头角，亨利就把他扯下来。结果福特公司一直都在流失很多最优秀的经理人才。少数留下来的人就是想到有一天福特会老死，艾德塞尔终究会接管，使一切走上轨道。然而事与愿违，艾德塞尔49岁就英年早逝了。

## 另一个亨利·福特

艾德塞尔的大儿子、26岁的亨利·福特二世很快从海军退伍，赶回密歇根的迪尔伯恩总部接管了福特公司。起初，他面临祖父手下那些顽固分子的排挤。但不到两年时间，他赢得了主要人物的支持，受到董事会的拥戴（他母亲掌控了福特汽车公司41%的股份），并说服他的祖父下台，终于登上总裁宝座。

亨利二世接管的福特公司已经有15年没有赚钱了。当时公司一天还要亏损100万美元！他知道自己实在不胜负荷，于是开始招募领导人才。幸运的是，以桑登上校为首的10人，自国防部退伍后一起加盟福特公司，这第一批人对福特汽车公司的贡献是巨大的，几年下来，这一批人中产生了6位公司副总裁及两位总裁。

第二批涌入的领导者以布里奇为首，他曾是"通用汽车"公司主管和底克斯航空公司的前任总裁，年轻的亨利邀请经验丰富的他做福特公司的执行副总裁。尽管布里奇在职位上隶属亨利，但亨利期待布里奇能发号施令，扭转公司的经营，他也真的做到了。布里奇很快从通用汽车带来了150多位优秀经理人。到1949年，福特公司的业务再一次蒸蒸日上。该年，福特公司销售了超过100万辆的福特（Fords）、水星车系

（Mercurys）及林肯车系（Lincolns）的车——这是自A型车以来最好的销售量。

## 谁才是老板

如果亨利二世依循"授权法则"办事，福特汽车公司或许已经成长到可以并购"通用汽车"，并再度成为首屈一指的汽车公司。然而唯有具有安全感的领导者才肯授权予他人。亨利觉得受到了威胁。桑登及布里奇的成就，以及布里奇新带进公司的一位"通用汽车"的经理克鲁索，都使亨利担心他在福特的地位不保。因为他的地位不是建立在自己的影响力上，而在于他的姓氏及其家族对所掌控的公司股份上。

所以，亨利制造高级经理之间的斗争。他请桑登到办公室来并鼓励他批评克鲁索。过了一阵子，克鲁索厌烦桑登的不顺服，要求布里奇开除他，而且他真的这么做了，然后福特开始支持曾为布里奇手下的克鲁索。为福特写传记的作者皮特·柯利尔和大卫·霍洛维茨如此描述亨利·福特二世的手法：

> 亨利求生存的本能显示出他夹杂着一种懦弱的诡诈。他曾授予克鲁索权力去放手做事，然后又借着从布里奇手中撤回权力，转而授予他的手下，最终使两位福特功臣彼此为敌。他虽然对布里奇不再信任，却于名义上留他做主管，好增加他自己算计别人的筹码。而布里奇身为克鲁索的主管，仍然有利用价值，使克鲁索乖乖地听话。

这就是亨利·福特二世的领导模式。任何时候，只要一位主管有了权力与影响力，亨利就削减此人的职权，转而支持他的属下甚至公开羞辱他。亨利·福特二世在福特的日子就是这样不断地整人。福特公司著名的前任总经理艾科卡在离职后曾说："其实我早就知道，他有一种龌龊的习惯——专把有能力的领导者排斥出去。"

艾科卡说，在他自己成为箭靶之前几年，亨利二世曾向他透露心中的领导哲学。亨利说："如果一个人为你做事，不要让他太安逸而松懈下来，或让他自以为很有安全感。要常让他无法预料你的反应，使你的手下始终保持焦虑和不平衡的心态。"

## 领导出色意味着什么

> 最好的主管懂得找到人才来做好计划的工作，而且又能克制自己在过程中不横加干涉。
> ——西奥多·罗斯福

两位亨利都没有遵守"授权法则"。他们都不去发掘、培养人才，给予其资源、权力及责任，更不肯放手让他们去发挥自己的能力。因为他们自身缺乏安全感，于是对手下那些优秀的人才时而鼓励，时而扯后腿。这最终不仅削弱了他们自己的领导，在周围人中造成了混乱，而且还破坏了公司的运转。你如果要做一位成功的领导者，就必须懂得授权。西奥多·罗斯福总统就深谙此道："最好的主管懂得找到人才来做好计划的工作，而且又能克制自己在过程中不横加干涉。"

要领导好别人，就必须帮助他们发挥自己的潜力。这意味着与他们站在一边，鼓励并授予他们权力，帮助他们取得成功。这与传统上我们学到的关于领导方面的知识不同。上学的时候我们学过两个关于如何领导方面的游戏，分别是"山丘之王"和"追随领袖"。"山丘之王"游戏的目标是什么？就是打压别人，这样你才能成为领导者。那"追随领袖"呢？你做出一些追随者们无法完成的事来把自己与他们区分开，从而使得自己变得更强大。这两个游戏告诉我们一个道理："如果你想成为赢家，就必须让别人都成为输家。"假如这个道理建立在不安全感基础上，是与培养领导者的正确方法相违背的。

在那些依仗自己奋斗获得权力的国家，情况通常都是为了保持你的领导地位，你必须要与别人斗争。不过这反映了他们思维上的缺陷。事实是你授予他人一些权力，还有许多权力来满足你的需求。

在有些发展中国家讲授"授权法则"时，我通常会找一名志愿者上来示范，让大家看看领导者刻意压制别人会发生什么样的情况。我让那位志愿者站在我面前，接着把我的双手放在他的肩膀上，然后我就开始把他往下压。结果是我把他压得越低，自己弯的腰就越低。他被我压得越低，我自己也就变得越低。领导的原则正是如此："你要压低别人，自己也必然会随之降低。当你果真这么做的时候，你就失去了提升他们的力量。"

领导力21法则

## 授权的障碍

成功的领导不是关乎充实自己——而是关乎授权给他人。领导力专家林勒·麦克法兰、拉里·塞恩和约翰·切尔德勒斯都深信:"授权式的领导模式不依赖于职位权威,而是使所有人都有机会担起领导的角色,如此一来,他们就能轮番贡献自己的长处。"人才是否能发挥潜能,取决于领导者的授权能力。如果一位领导者不能或者不愿意授权给他人,就等于是在整个机构内制造了许多障碍,让能力出色的人无法跨越。障碍持续太久,就会使人们放弃努力,或转而投向另一个允许他们成长成才的地方。

---

> 成功的领导不是关乎充实自己——而是关乎授权给他人。

---

人才是否能发挥潜能,决定于领导者的授权能力。

为何有些领导人会违反授权法则?不妨思考以下几个原因。

### 1.授权的障碍:渴望工作上的安全感

阻碍授权的首要原因,就是内心缺乏工作上的安全感。这样的领导者会担心,如果他帮助下属发展了,有一天自己就会被取代。事实上,唯一使自己不可或缺的方法,就是使自己成为可被取代的。换言之,你如果能不断授权给他人,帮助他们发挥所长,然后接替你熟悉的工作,这样你自然成为这个机构中众所瞩目不可缺少的资产了。这就是"授权法则"中一个看似矛盾、实则不假的道理。

阻碍授权的首要原因，就是内心缺乏工作上的安全感。

你可能会问，要是我通过授权给他人完成了工作，而我的上司不认可我的成绩怎么办？这在短期内可能会发生。但是如果你保持训练领导者并授权给他们，你的领导模式可能就变成不断被人认可、不断得到回报。这种模式可说是名利双收。如果你领导的团队不断取得成功，人们就会发现你的领导能力有多么出色。

**2.授权的障碍：抗拒改变**

诺贝尔文学奖获得者约翰·斯坦贝克曾断言："当一个人年纪越长，他就越抗拒改变，特别是为取得突破而作的改变。这是人的一种自然秉性。"本质上说，授权会带来不断的改变，因为它鼓励人们不停地成长、革新。改变是进步必须付出的代价。在不断变化中生活，总不是一件容易的事。

事实是大多数人都不喜欢改变。但是领导者最重要的职责就是不断发展自己的组织。作为一名领导者，你必须训练自己来适应改变、渴望改变，为改变创造良好条件。高效的领导者不但愿意改变，而且他们还是改变的代理人。

**3.授权的障碍：缺乏自我肯定**

约翰·皮尔斯说："如果觉得自己骑马的样子很滑稽，你就不能领导一支骑兵队。"害羞的人几乎很少能成为成功的领导者。他们往往只关注自身，担心自己的外形、别人对他们的看法、人们是否喜欢他们等。他们认为自己根本就没有权力，自然就不能授权给他人了。你总不能把自己没有的东西给别人吧。

凡是最优秀的领导者都非常有自信。他们相信他们自己的能力、自己的使命、自己的下属。正如作家巴克·罗杰斯所说："对有自信的人来说，改变是一种契机，因为他们相信一个人可以有所不同并影响周围的环境，这些人是实干家及推动者。"他们同样也是善于授权的人。

---

伟大的领导者通过授予权力来获得权力。
——詹姆斯·斯托克代尔

---

有安全感的领导者才能够奉献一切。马克·吐温曾这样说过，当你不计功劳的时候，就能成就大事。可以进一步说，唯有当你愿意把功劳归给别人时，才会成就真正伟大的事业。一度成为副总统候选人的詹姆斯·斯托克代尔将军说："领导必须要建立在善意之上……这意味着要以坦诚之心，全力扶助追随者……我们对领导者的要求是，他们以诚心待人，甚至愿意培养别人来取代他自己，像这样的领导者绝不会失业，也不会失去他的追随者。这话听起来或许很奇怪，但伟大的领导者都是通过把权力交托出去而获得权威的。"如果立志成为一位伟大的领导者，你必须学会使用"授权法则"。

## 授权的总统

美国历史上最伟大的领袖之一亚伯拉罕·林肯总统，正是有着宽阔胸襟、敢于将权力授予别人的人。身为领袖，林肯的自信可以从他挑选内阁成员这件事上窥豹一斑。大部分总统都会选择合乎自己心意的伙伴。可是，林肯却不是这样。当许多不同的意见四起、国家动荡不安的时刻，林肯把一群领导者召集在一起，又把各政党领袖召集在一起，在多样化、彼此激励的气氛中凝聚出力量。林肯的传记提到了他用人的方法：

> 一位总统挑选自己的政敌来担任内阁成员不是没有前例，但是蓄意将所有对他失望的政敌都摆在身边似乎是惹祸上身。这是林肯真诚善意的表示，他要一些和他自己一样优秀或更优秀的人给他提出建议。他不害怕被排挤或被漠视，这正显示出他卓越的纯洁品格，以及对自己领导能力毋庸置疑的信心。

林肯活用了"授权法则"，他的安全感使他能够把自己的权力放出去。

林肯对国家统一的渴望远远高于他个人的感受。他的能力与自信使他可以使用"授权法则"把优秀的领导者都带入自己的圈子里来。

## 找到有能力的领导者并授权给他们

林肯不时展现出他的授权能力，这种能力内战时期在他与将军们之间扮演了很重要的角色。起初，他难以找到可以推心置腹的人。当南部州独立后，最优秀的将军都跑到南方投奔了邦联政府。但林肯没有放弃希望，虽然有几位将军背信弃义，但他仍然给予留下来的将军充分的权力与自由。举例来说，1863年6月，林肯把波多马克军队的指挥权交给米德将军。林肯希望米德能带得比前几位将军如本塞及胡克更好。在与米德会谈之后几小时，林肯差人送信给他，内容大致如下：

就目前局势而言，没有人比你得到过更大的指挥权；我相信你不会辜负联邦政府寄予你的希望。你不会受总部任何时候的指示所干扰。你的军队可以视情况、照你的判断来行事……在你军事行动范围内，所有的军力都听凭你的命令来调度。

结果，米德在宾夕法尼亚小镇葛底斯堡指挥军队时，面临了第一次重大的挑战，他带着林肯授予的权力通过了这项考验。虽然米德终究没有充分运用林肯所授予的权力，最后还是尤利西斯·格兰特将军扭转了战局。但米德成功阻截了李将军的部队，并阻止了邦联主力军进攻华盛顿，仍然可以说是一大功臣。

林肯善用"授权法则"，与福特惯于违反"授权法则"恰好形成鲜明对比。当将军们打了胜仗的时候，林肯一律给予嘉奖；即使他的将军们表现很差，林肯仍然愿意承担职责。研究林肯的专家唐纳德·菲利浦斯承认："在整个战争中，林肯一直勇于承担战争失利或错失良机的责任。"

林肯能够在战争中屹立不倒，而且一直保持授权予人的作风，乃是他有磐石般稳固的自我安全感。

## 授权的能力

你不必成为像林肯那样善于授权的领导者。授权的关键在于必须高度信任他人。如果你相信他们，他们就会相信自己。

每次收到关系密切的人给我写的鼓励信，我都慢慢品读然后收藏起来。我十分珍惜这些信笺。几年前,我收到丹·雷南的一封信,他可能是除了我的家族成员以外,那几年我授予权力最多的人了。我在天际线教会的时候,他是我的执行牧师。信中这样写道:

亲爱的约翰:

  门徒受栽培而开花结果的日子已经到来。我正受邀外出讲解有关授权的主题!今日能讲授这门课,完全是因为你首先授权给我。当初,你不顾一切聘我为你的执行牧师,至今依然使我感念万分。你把教会每天的工作与带领众多职员的重责委任予我,你充分授权给我……你相信我甚至胜过我信任自己。你如此毫不保留地信任我,使我能够接受你的信念,使其最终也成为我自己所深信不疑的信念。

  非常感谢你在我的生命中所带来的改变与影响。道声谢谢似乎难以言尽。说声"我爱戴你,我感激你"可能更恰当些。我想,最能表达我万分感激的方式是,把你给我的礼物再传递给我周围其他的领导者。

丹<br>敬上

我很感激雷南为我所做的一切,我相信他回报予我的远胜过我给予他的。我真的很高兴能与他共处,并且帮助他成长。

---

提升他人,你将更加出色。

---

真理是，授权是大有好处的，不仅对那些被培养的人，同时也为那些培养别人的人。帮助他人取得提升也会使你自身变得更加出色。雷南使我比原来更加优秀，不仅因为他帮助我实现了更多的目标，而且在这个过程中，我也学会了做个更出色的领导者。这就是"授权法则"带来的影响。作为一名领导者，只有当你愿意相信别人、当你授予别人权力的时候才能感受到这一影响。

将

## 授权法则

应用于你的生活

1.你如何评估自我价值？你有自信吗？你相信自身的价值吗？你相信工作中的你会给别人带来一些积极的东西吗？你愿意冒险吗？

如果觉得没有安全感，你可能就不太会使用"授权法则"。这时你就需要采取积极的步骤提升自身的价值或者问问自己为什么没有自信。

2.你是属于愿意相信别人的那种人吗？列出下属的名字。如果人数众多，就列出他们中与你关系最密切的。然后给每个人的潜力——而不是现有能力——按照1-10分来打分。

3.如果某个下属的分数过低，就意味着你对这个人的信任值不高。除非你设法改变这一情况，不然就不会授权给他。仔细想一下他们品质和个性中积极的部分，找到他们最大的优点，想象如何把这些优点用来为组织做出贡献。设想一下如果他们能够发挥自己最大的潜力又有最好的机遇，这些人会变成什么样。然后设法帮助他们发挥出来。

如果你的自然倾向就是加强或保持自己的权力，那么要想成为一位授权的领导者，你就必须要经历思想观念上的巨大转变。首先，你要挑选最优秀的人才，为他们的成功创造机会。接着，培养他们，给予他们资源，帮助他们制定一些对组织有利并且可实现的目标。最后，授予他们更多的责任和权力。如果一开始他们失败了，请帮助他们继续尝试，直到成功。一旦你尝到了授权予人的快乐及整个组织效率提高的甜头，让你不授权都很难了。

# 13.镜像法则

### 看到别人怎么做，大家也会怎么做

几年前，导演史蒂文·斯皮尔伯格和汤姆·汉克斯制作了一部在HBO频道播放的电视剧《兄弟连》（*Band of Brothers*），这部电视剧按照历史学家史蒂芬·安布罗斯的同名小说改编而成。它记录了第二次世界大战中E连101空降部队的故事。E连的人受到了像陆军士兵般严酷的训练，他们英勇战斗，从诺曼底登陆一直到第二次世界大战结束。

E连的故事是关于领导艺术很好的研究素材，不同的军士长、上校和上尉在指挥士兵的时候表现出了不同的领导风格，其中有好有坏。每当领导出色时，它就能产生积极效果，这不仅体现在士兵们的表现上，也体现在战役乃至最终战争的结果上。

## 错误的镜像

从第一集开始，影片就展示出几种截然不同的领导风格。E连的连长赫伯特·索博训练士兵时非常残酷、专制：他对士兵比其他连的任何长官都要严厉，他随意让士兵不能通过考核就处罚他们。但是从安布罗斯的原著看来，真实的索博比在电视剧中演的还要恶劣。

索博对士兵毫无怜悯之心，这倒也无所谓，因为士兵经过训练后是要上战场的。但是他却不是同样严格要求自己，他甚至连空降兵要求的身体测试都不能通过。而且在训练中，他自己也没有达到他要求手下士兵达到的水平。安布罗斯书中描写的一次事件体现了索博的领导作风：

> 一次夜间演习的时候，索博想教训教训连里的人，于是就同伊文斯偷偷溜到E连所在的位置，偷走了正在睡觉的士兵们的枪。没有人发现，他们偷了差不多50多支步枪。天亮后，索博气势汹汹集合队伍，训斥他们是多么的可怜。

索博没有注意到他训斥的这些士兵不是他的手下。原来他跑错了营地，把F连的步枪给偷了。F连的连长带着手下的士兵出现的时候，索博才意识到所犯的错误。

索博手下的人都嘲笑他，跟他作对。在E连准备参加诺曼底登陆时，许多人甚至抽签决定谁在战斗中打死索博。幸好在他们参战时，索博被免去了连长职务，重新分配到新的岗位上了。

### 另一幅错误的镜像

"突破口"这集展现了另一位长官糟糕的领导力。它描写了士兵们准备从德国人手中占领佛伊镇的"凸角战役"。那个时候，E连的士兵们都是久经沙场的老兵了，然而这次他们面对的是战争中最艰难的时刻：迎接他们的是严寒以及德国人无情的炮弹。

那段时间，E连的某个排是由一位有政治背景但没有战斗经验的长官戴克中尉指挥。戴克的领导方法就是不见部下，不作决定，而且常常借口出去散步消失很长时间,包括甚至在那些最需要他作决定的时候。对于这样一个指挥官,队伍中自然没有一个人会尊敬他。结果当上头要求戴克指挥士兵们进攻佛伊镇的时候,他惨败而回,接着就被解除了指挥权。

## 一幅不同的镜像

幸运的是,大多数E连的指挥官都非常优秀。其中的一位还被授予了优异服务十字勋章,而且被认为是"二战中最优秀的战斗指挥官",这个人就是迪克·温特斯。最初,他只是E连的一个排长,在诺曼底登陆后被擢升为连长,然后又晋升为营长。他退伍的时候已经是少校军衔了。

温特斯不断帮助他的士兵发挥他们的最高水平。而且他一直身先士卒,树立榜样,和士兵们一起冒险。安布罗斯把温特斯的指挥哲学概括成"长官在前"。每当部队要对敌人据点发起进攻的时候,温特斯总是带领整支队伍冲锋在最前面。

最能体现温特斯指挥水平的事情发生在诺曼底登陆后不久在去往卡瑞登——E连要从德军手上夺取的一个小镇——的路上。温特斯手下的美国空降兵靠近小镇的时候,他们却受制于德国人的机关枪无法向前。他们蜷缩在路两边的战壕里,根本无法按照原计划前进。但是如果就这样窝在战壕里,他们最终也会被敌人消灭。就在这时,温特斯努力鼓舞士兵,软硬兼施地要求士兵们向前进。他冒着枪林弹雨从一个战壕跑到另一个战壕,最后还跳到路中间,子弹擦着地从他身边掠过,但他仍然对着士兵们大喊,要求他们向前。这样,士兵们都站起身来向前移动。

最终在他们的协助下，盟军顺利占领了小镇。

30多年以后，当时的一位军士弗洛伊德·塔尔伯特写信给温特斯评论这件事时说："我永远不会忘记你站在路中间的样子。你深深地鼓舞了我，我手下的士兵们也都这么认为。"2006年，温特斯总结他的指挥方法说："我可能不是最好的指挥官，但是我一直努力向这个方向前进。我的士兵们都依赖我仔细分析每个战斗形势、优化处理我所有的资源、在压力下思考然后身先士卒地带领他们去战斗。"

当安布罗斯被问及是什么使得E连在战争中与众不同、高人一等的时候，安布罗斯明确地回答说："他们并不见得比其他空降兵、游骑兵、海军更加优秀，他们只是众多精英部队中的一支。但真正让他们与其他精英部队不同的是他们的领导力……伟大的指挥官、排长、军士长，不是所有的精英部队都有这么好运气拥有优秀的领导者。这就是它们的区别。"为什么就这一点会产生如此巨大的影响呢？因为看到别人怎么做，大家也会怎么做。这就是"镜像法则"。领导者树立好榜样之后，他们的下属就会跟着模仿他们的行为从而取得成功。

### 把镜像变成现实

伟大的领导者好像一直都表现出两种似乎截然不同的特质。他们很有思想但都非常实际。他们伟大的思想使他们看得更长远，他们可以预见将要发生的事，清除必须要做的事。领导者们懂得：

任务提供了目标——回答这个问题，为什么？
思想提供了镜像——回答这个问题，是什么？

战略提供了计划——回答这个问题，怎么样？

正如作家汉斯·芬左所说的："领导者必须要成为梦想家。你的领导水平越高，你的工作就越多是关于预见未来的事情。"

---

伟大的领导者好像一直都表现出两种似乎截然不同的特质。他们很有思想但都非常实际。

---

与此同时，领导者一定要很实际，他们应该知道没有付诸行动的想法是不能取得成功的。他们自己承担责任来帮助下属们采取行动。这通常是很困难的，因为下属通常不能像领导者那样可以预见未来将要发生的事。他们不知道什么对团队才是最有利的。他们没有统揽大局的观念。

领导者都应该很有思想。所以他们应该做什么事来缩小他们与下属之间在思想上的差距呢？许多领导者只是想交流一下愿景。这里请不要误解我，沟通是很重要的。优秀的领导者必须要不断清楚而又不失创造性地交流他们的愿景。领导者有效的沟通清晰了原来模糊的镜像。但仅仅这些还是不够的，领导者必须要把愿景变成现实。领导者通过对愿景的有效示范把镜像变成了现实。

---

领导者通过对愿景的有效示范把镜像变成了现实。

---

优秀的领导者都清楚这个事实，他们一直都在努力为下属们作好示范，下属们则向他们学习如何做事，只是有的人比领导者做得更好，有

的人则不如他们。总体而言，领导者做得越好，他的下属就做得越好。

这当然不是说领导者可以解决所有问题。所有领导过别人的人都知道最能产生影响的领导者通常是可以在充满不确定因素时仍然能出色领导的人。杰出的领导者、交流者安迪·史坦利解决了这个问题。几年前，在领导人催化剂作用研讨会上，他说：

> 出现不确定的情况并不表示领导力弱。相反，这种情况反而表示更需要领导。领导的天性要求一直都要有不确定的情况发生。如果我是一位优秀的领导，我就应该很清楚知道我该做什么。更多的责任意味着要处理越来越多的无形的事情，以及更多复杂的不确定性。领导者可以处理不确定的事情，但是他们不能让镜像不清晰。人们不会追随这样的领导。

在困难出现的时候，由于不确定性变得很高，人人都变得很慌乱，这时下属们最需要从他们的领导者那里得到一幅清晰的镜像。他们需要一位运用"镜像法则"的领导者。从领导者那里看到生动清晰的镜像，可以使他们产生继续向前的能量、激情和动力。

## 领导者愿景的典范

如果你想成为最优秀的领袖，你就不能忽视"镜像法则"。如果你努力成为下属的榜样，请记住这些——

**1.下属总是在观察你的所作所为**

如果你有子女，就会知道孩子们总是观察着你的所作所为。也许你可以通过话语教育他们，但是孩子们更多的是通过模仿他人学到新事物。作为父母，玛格丽特和我早就意识到了这一点。无论我们口头教给孩子们多少东西，他们只是一直在模仿我们的行为，这真是令人沮丧。加州大学洛杉矶分校的篮球教练约翰·伍登引用了一首诗很好地解释了这一点：

> 没有书写的文字，
> 也没有口头的言语，
> 那么可以教育我们的年轻人的，
> 应该是什么呢？
> 不是书架上堆积的书本，
> 真正的老师是他们自己。

与孩子们观察父母并模仿他们的举止一样，员工也观察并模仿老板的行为。如果老板迟到了，那么员工们就会觉得迟到没有什么大不了。如果老板投机取巧，员工也会变得一样。看到别人怎么做，大家也会怎么做。

下属们可能会怀疑领导者的语言，但通常都相信他们的行为，而且会模仿领导者的行为。前参谋长联席会议主席、国务卿科林·鲍威尔说过："你可以签署所有备忘录，可以发表所有激动人心的演说，但是如果组织里的其他人没有看到你每天都非常努力地工作，他们也不会努力工作的。"

> 下属们可能会怀疑领导者的语言，但通常都相信他们的行为。

威特雷·大卫断言："优秀的领导是催化剂，而不是教官。他创造出良好的环境，让有识之士都愿意追随。他并不总是发号施令，而是说服别人。"没有什么比你相信的事物更令人信服了。

**2.教正确的事总比做正确的事容易**

作家马克·吐温曾风趣地说："做正确的事很美好，教正确的事更美好，而且更容易。"这是真的吗？通常教正确的事比做正确的事要容易。这就是为什么许多家长和老板经常说："按照我说的做，但不要学我的做法。"

讲授领导力时，我遇到最早的挑战就是提高将教学理论转变成实践的水平。我至今仍然记得那一天，由于没有亲身试验，我决定不讲授相关内容。那真的是一个艰难的决定。但是当时作为一位年轻的领导者，我正在学习如何运用"镜像法则"。作家诺曼·文森特指出："没有什么比人们给出好的建议但树立坏的榜样更让人困惑的事了。"我觉得与这相关的一句话也同样正确："没有什么比既给出好的建议又树立好的榜样更有说服力了。"

我曾在一天内接到两位记者的电话，他们都问了相似的问题——关于在商业领域里讲授道德。他们想知道道德是否能被讲授。我的回答是肯定的。

"但是很多开设道德课程的公司自身却有道德问题。"一位记者说道。

"这是因为道德只有在讲授并为他们树立模范后才能传授给别人。"我回答说。很多领导者就好像服务差劲的旅行社，它们把旅客送到自己都从未去过的地方。相反，我觉得领导者更应该像一位导游，他带领人们游览自己游览过的地方并与他们一起分享自己的经验。

　　约翰·伍登经常对他的球员说："给我看看你能做什么，不要只告诉我你能做什么。"我相信下属对他们的领导者都有同样的想法。他们想看看领导者的行动，为他们指明方向并且树立榜样。费瑟斯通说过："领导者通常只是说教，只有在他们真正实践的时候，才算是传授。"这就是"镜像法则"。

---

　　领导者通常只是说教，只有在他们真正实践的时候，才算是传授。

　　　　　　　　　　　——费瑟斯通

---

### 3.提升他人之前，应该首先改变自己

　　领导者应该对下属的表现负责，他们不能再推卸责任。因此他们要监督下属的工作，指明正确的方向，并追究他们的责任，然后才能改善整个团队的表现，领导者必须要成为变革的发起人。但是，这里存在一个巨大的风险：领导者往往乐于改变别人，却不首先改变自己。

　　领导者第一个领导的应该是自己，第一个要试图做出改变的也是自己，而且对自己设定的标准应该比其他人更高。要成为一位口碑颇好的领导者，就必须一直刻苦地工作在最前面，而且不断地完善自我。当然这绝非易事，也不是自然形成的，但是它的确很重要。老实说，我很像连环画《史努比》中的露西，她告诉查理·布朗她要改变世界，傲慢的查理·布朗问她要从哪里开始，她的回答是："我要从你开始，查理·

布朗，我要从你开始。"

不久前，我一直在讲授全方位领导者这个概念。意思是领导者不仅要影响他的下属，还要影响他的上司及其同事。在提问环节，一位与会者问道："领导上司、同事、下属，哪个最困难？"

"都不困难，"我很快地回答说，"领导自己最困难。"

如果不树立好的榜样，而用其他办法来领导别人就意味着我们给他人传递了一幅模糊不清的镜像。如果我们把完善自我定为自己的首要目标，那么别人也将更愿意追随我们。

**4.领导者能给下属的最宝贵的东西就是一个好的榜样**

某意见调查公司为安捷伦财务公司做了一个调查，调查对象被要求选择一项他们认为领导者最重要的特质。调查结果如下：

| 排名 | 特征 | 比例 |
| --- | --- | --- |
| 1 | 以身作则 | 26% |
| 2 | 道德品质 | 19% |
| 3 | 商业知识 | 17% |
| 4 | 公平公正 | 14% |
| 5 | 总体能力 | 13% |
| 6 | 对员工的认同 | 10% |

可以看出，员工们最希望看到领导者能言行一致。他们需要领导者在他们面前树立好榜样。

领导艺术更多的是模仿学来而不是通过学习得到的。那么怎样才能通过模仿学习领导艺术呢？通过观察优秀领导者的行为。

在回想自己作为领导者历程的时候，我觉得自己很幸运能从诸多优秀的领导者那里获得不同方面的领导才能。

- 通过观察父亲的脸庞和如何克服逆境，我获得了坚持。
- 通过观察比尔·海波斯激情澎湃的领导风格，我获得了热情。
- 通过观察肯·布兰佳如何重视他人，我获得了鼓舞。
- 通过观察比尔·布赖特把想法变成现实，我获得了愿景。

我不断地从优秀的领袖们那里学习，与此同时也努力为我的下属们树立良好的榜样——我的子孙、公司员工、参加过我研讨班的人以及我的读者。作为领导者，把我所讲授的课程变成实践是最重要的事情。正如诺贝尔奖得主艾尔伯特·史怀哲所说："领导就是示范。"

## 遵循领导者的示范

古以色列大卫王的一个故事说明了"镜像法则"。几乎所有人都听过大卫和歌利亚的故事。当非利士人的军队与扫罗王所带领的以色列百姓对峙时，身材高大骁勇善战的勇士歌利亚提出挑战说，他要与以色列人当中最强悍的勇士比武，来决定双方战争的胜负。那么是谁挺身而出接受了这个挑战呢？不是强大的扫罗王，也不是他手下久经沙场的将士，而是一个卑微的牧童——大卫站出来迎战。他朝歌利亚甩了一颗石头，命中了巨人的额头使他倒地，随后大卫用歌利亚自己的剑砍下了他的首级。

我们都认同这样的故事，因为一般人会为弱者喝彩。但许多人不知道故事之后的发展，大卫长大成了勇士，后来成了君主。在这当中他培养了一群"强悍的勇士"，其中至少有五个人都曾杀死过巨人。大卫的示范教会了他的追随者们如何变成伟大的勇士甚至杀死巨人。

## 在恐惧面前领导

通过示范来领导通常对下属有着很强的影响。前纽约市长鲁迪·朱利亚尼是我敬佩的领导者之一。他从政府律师开始职业生涯，然后又被选为市长，朱利亚尼都是通过示范来领导。他在《领导》（Leadership）一书中说他很清楚自己的行为给下属们作了示范。"己所不欲，勿施于人，"他说，"应该是由你来设定行为的标准。"

朱利亚尼领导哲学的中心思想是责任。朱利亚尼写道：

> 领导者比其他人更应该成为负责任的人。没有什么比愿意承担发生在自己管辖范围内事故的责任，更能树立下属对你的信任了。有人可能会补充说，没有什么比老板更加严格要求自己更有效的了。这一点对所有组织都是适用的。

责任是朱利亚尼领导的基本内容之一：从1981年开始，他每天早上8点集合他的高层员工召开早会。这使他每天都与下属们保持步调一致。下属们要给他提出解决问题的答案，而他也必须迅速做出决定。没有人可以退却，所有人都要负起责任。

很多人都认可朱利亚尼作为市长的能力。在他的领导下，城市犯罪率大大降低，纽约又重新成为了旅游目的地，而且税率降低，商业繁荣。但真正显示朱利亚尼领导能力的是"9·11事件"。当这一无法预计的事件发生而整个城市都处于慌乱中的时候，市长站在了最前线，他领导着人们，保持与州、联邦领导人的密切联系，指挥市政府不同部门的运作。

在这个灾难事件最恐怖的阶段过去之后，朱利亚尼还是通过示范来领导。他不仅努力对外宣传，重开剧院，鼓励人们尽量恢复正常生活，还邀请游客到纽约旅游，他亲自安慰那些在恐怖事件中失去亲人的市民。他估计在这次恐怖袭击之后，纽约市每天将有6-20场葬礼。他承诺每天至少要参加6场，而且每场葬礼将至少有一位市政府代表参加。

朱利亚尼的领导力、坚强、自我恢复能力都作为榜样鼓舞了整个国家。日后，美国人从鲁迪·朱利亚尼身上学到了如何在后"9·11"时代生活，那就是不会让恐怖分子来决定人们的生活方式。这就是优秀领导者们最常用的做法：他们通过示范来领导。

朱利亚尼这样总结他的领导方式：

> 我一生都在思考如何成为一位领导者，无论是在纽约州南部地区领导美国司法办公室的反腐败部，然后到缉毒部，还是在被提名为财务主任后使濒临破产的肯塔基煤炭公司扭亏为盈，或是观察罗纳德·里根、麦克马洪大法官和其他伟人。我后来认识到我如此近距离地向这些伟人学习都在为以后的成功做准备。不知不觉中，我就在向他们学习如何做事了。

换句话说，在以前的工作中他会观察领导者们如何做事，而现在他只是简单地做自己看到的事情而已。这说明他正在运用"镜像法则"。

将

# 镜像法则

应用于你的生活

1.如果已经在运用"过程法则",那么现在你已经在为提高你的领导力磨炼技术了(如果还没有,赶快开始吧)。除了技术,领导水平还需要更多方面的提高。性格对于领导水平也是极其重要的,而这个是通过"镜像法则"体现出来的。你为下属们作示范的首要方面就是性格,在这一方面,首先要改善自己的性格,然后才能试图改变他人。

对自己作个性格方面的评定。首先列出你的主要优点,比如正直、努力、诚实等。然后回想一下上个月你所做的事有没有哪些行为与这些优点不符,把你所能想到的都记录下来。不要轻易否定,也不要把任何事都合理化。这些都是你日后需要努力改善的地方。不仅要改变你的行为,也要改变你的态度。

2.邀请一位你信赖的同事或者朋友,让他们观察你一段时间(至少一周)。接着把你告诉他们的与自己的实际行为作比较。然后让他(她)记录下任何不一致的地方。最后,你们碰面检验结果。这时,你可以澄清一些问题,但是不能为自己辩护。这时你要决定要么改变自己的行为,要么改变自己的哲学,以让二者相一致。

3.考虑哪3-5件事是你希望别人做得更好的,把它们记录下来。然后为你的表现依次评分(为了保证准确性,你也可以让其他人为你评分)。如果你的自我评分低,你就需要首先改变自己的行为。而如果分数较高,你就需要让更多人看到你的示范,然后不断地做出相应的调整。

# 14. 接纳法则

## 人们先接纳领导者，然后接纳他描绘的愿景

1997年秋，我和几位同事应邀前往印度，到那里主持了四场领导力研讨会。印度是个充满矛盾、令人惊异的国家，也是个极具人情味的美丽地方。它的经济已开始迅速发展，但仍然有数以万计的居民生活在贫困中。在那里，"接纳法则"给我留下了深刻的印象。

当飞机降落在德里，我就有一种毕生难忘的感受。走出机场，仿佛来到另一个星球。放眼看去到处都是人，骑脚踏车的、开汽车的、骑骆驼的，甚至骑大象的。街道上到处都是人，有些就干脆睡在人行道上。不管我们走到何处，总会看到动物随处游荡，似乎所有的物体都在移动着。在车子开往酒店的路上，我看到了另外一些东西：标语、旗帜。我们所到之处，到处都挂满了标语、旗帜，纪念印度独立50周年，印度国父圣雄甘地的巨幅画像也随处可见。

### 卑微的起步

今天，人们理所当然地认为甘地是一位伟大的领袖。然而他毕生领导印度独立的事迹正是研究"接纳法则"的最好素材。莫汉达斯·甘地被人们称为圣雄（即"伟大的灵魂"的意思），他在英国伦敦接受教

育，取得法学学位后回到印度，然后又前往南非工作。在那里他以法庭律师为业长达20年之久，在此期间还投身于政治运动。那时候有许多遭受南非种族隔离政策压迫的印度人，甘地为这些少数种族人民争取民权，并逐渐在民权运动中崛起成为领袖。

1914年甘地回到印度时，他已享有崇高声望，而且受到同胞的高度尊敬。在接下来的几年里，他在印度各地举行示威及罢工，民众开始拥戴他，越来越渴望接受他的领导。1920年，也就是他回国后仅仅6年，即被选为"全印度自治联盟"的主席。

甘地最大的特别之处，在于他能成功地激励人们争取自由。成为领袖之前，人们常常使用暴力来达到目的。因此，那时对抗英国殖民政权的暴力活动十分普遍，而甘地却是通过非暴力的民权运动来实现印度自治的目标。他说："非暴力的抗争乃是人类拥有的最有力武器，它比人类所发明的任何摧毁性武器更具威力。"

## 新方法

甘地激励人民使用和平的不屈服、不合作方法来面对压迫者。甚至当英国军队于1919年在阿姆利则屠杀了1000多位平民时，甘地仍然呼吁大家只需站稳脚步而不要回击。

要让每个人都拥护他的想法确非易事，但是大家已经拥戴他为领袖了，他们自然拥护他描绘的愿景，而且愿意忠心地追随他。当他呼吁大家焚烧外国制造的纺织品、只穿戴印度产的土布衣服时，成千上万的人都起来响应。当他决定发动200里的徒步行军，从德里游行到靠海的丹地城，以集结反英和平示威运动的力量时，举国的领袖都追随在他的旗下。

> 领导者先找到目标，然后才找到一群追随者。而普通人却是先找到了领导者，然后才认同领导者的目标。

他们追求国家独立的征程既漫长又痛苦，然而甘地的领导能力如此强韧，使他终于在1947年实现了目标——印度获得独立自治。由于大家拥护甘地，他们自然接纳了他的目标。一旦大家有了共同目标，就会齐心协力地实现它，这就是"接纳法则"的内涵。

领导者先找到目标，然后才找到一群追随者。而普通人却是先找到领导者，然后才认同领导者的目标。

## 不要本末倒置

参加有关领导力的研习会时，总会有人在休息时找到我，向我简述他的情况，然后问我："您看我带领的这群人会不会拥护我的目标？"

我的回答始终不变："请先告诉我，他们是不是拥护你？"

你发现了，大多数人是从颠倒的方向来探讨领导力所涉及的目标问题。他们以为只要追求的目标美好，人们就会主动地拥护这个目标并追随他。然而领导的实际运作方式并非如此，人们不见得一开始就追求有价值的目标，他们往往是先追随那些能够实现美好目标的领导者。人们先拥护领导者，接着才拥护领导者的目标。

至于在研习会上来问我——他带领的那群人是否会拥护他的目标的

那位仁兄，他真正的问题应该是："我是否给了下属充分的理由来拥护我？"如果答案是肯定的，那么他们自然会拥护他的目标。但如果他没有与他的下属建立足够的信任，那么，不论他的目标有多么伟大，对整个团队都无济于事。

在网络盛行的今天，我在《商业周刊》上读到一篇文章，讲到电脑行业中一些创业者如何与创业投资公司合作的故事。在那时，加州的硅谷有许多人在电脑公司工作一段时间后，想自己出来创业。每天都有成百上千的人忙于寻找投资者来助他们一展雄才，自创公司。然而许多人都无法找到投资者。可是，一旦他们第一次成功了，下次想找投资者就容易多了。通常，那些投资者根本没兴趣查问这位创业者的目标是什么，如果他们认定了某人可信，自然就会接纳这个人的想法。

这篇文章的作者采访了软件企业家朱迪思·埃斯特林和她的合伙人。那个时候，她们已经创立了两家公司。她回忆说，当她想开第一家公司时，尽管有可行的计划，而且深信这套想法也肯定能成功，但还是花了10年的工夫以及无数次的介绍，才筹到足够的资金。有趣的是，当要创立第二家公司的时候，几乎一夜之间，资金就凑齐了。她只打了几分钟的电话，就得到了500万美元作为新公司的资本。人们听说她要开第二家公司的消息，都争先恐后地把钱送过来。她说："有些投资人打电话来，甚至求我收下他们的钱。"

为什么她两次筹资的经历差别这么大呢？原因在于"接纳法则"。人们已经确信她的能力，接纳了她这个人，自然就准备接受她所提出的新目标。

## 你就是信息

人们接收的每一个信息都是被传递者过滤过的。如果认为信息的传递者值得信赖，你就会相信这信息具有价值。正因为这样，广告商喜欢邀请明星或运动员为产品做广告代言。人们因为喜欢迈克尔·乔丹、泰戈·伍兹和迈克尔·维克而买耐克鞋，他们并不在乎品质是否真的那么好。

---

人们接收的每一个信息都是被传递者过滤过的。

---

同样，邀请明星来推广某种运动也是基于相同的理由。那些受邀来推广某种运动的明星是否在一夜之间就变成了这项运动的专家呢？不见得，但这不要紧。重要的是人们乐意听他们的话，要么是因为他们信任这些明星的品格，要么是因为他们有良好的信誉。一旦拥护某个人，就乐意追随他的目标。人们乐意追随那些他们能够认同的人。

---

人们乐意追随那些他们能够认同的人。

---

### 并非两者之中必须择其一

不管你多么努力，你都无法将领袖与他所推进的目标完全分开，因为两者永远是不可分的。下列表格说明了在各种情况下人们对领袖及其目标所做出的反应：

| 领导者 | + | 愿景 | = | 结果 |
|---|---|---|---|---|
| 不接纳 |  | 不采信 |  | 换个领导者 |
| 不接纳 |  | 采信 |  | 换个领导者 |
| 接纳 |  | 不采信 |  | 换个想法 |
| 接纳 |  | 采信 |  | 全心追随领导者 |

**当追随者不喜欢领导者及其愿景时，他们会去找另一个领导者**

只有一种情况，当追随者不喜欢自己的领导者及其目标时，他们还会追随领导者，那就是领导者拥有某种权力，可能是威胁使用暴力或者拒绝支付工资。如果下属们有自主选择权，他们不会追随这种领导者。即使他们没有太多选择，他们也会开始寻找新的领导者。在这种情况下所有人都是输家。

当追随者不喜欢领导者却喜欢其愿景时，他们仍然会寻找领导者。

也许你会对此感到惊讶。即使领导者的目标很美好，但如果人们不喜欢领导者这个人，他们仍然会寻找新的领导者。这就是在职业体坛教练常常被撤换的原因之一。任何球队的目标都永远一样，那就是夺取冠军。如果教练得不到信任了，会怎么样呢？球队的老板当然不会解雇所有队员，所以他们会炒了教练，然后聘请球员拥护的新教练。实际上，大多数职业教练的能力都不相上下，执教的效果差异也不大，但通常把他们区别开的其实是领导水平以及球员的拥护程度。

### 当追随者喜欢领导者，却不喜欢其愿景时，他们改变愿景

当追随者不认同领导者的目标时，他们可能有多种不同的反应。有时他们会努力说服领导者改变其目标，有时他们放弃自己的观点转而响应领导者的目标，还有时候他们会寻求妥协。但只要仍然拥护这位领导者，他们就不但不会断然弃绝他，反而会继续追随。

托尼·布莱尔作为首相在位时间很长，他是一位广受欢迎的领导人，曾连续三次当选英国首相。但英国大多数民众都反对布莱尔把整个国家卷入伊拉克战争的政策。那为什么布莱尔还可以在位这么长时间呢？因为民众们拥护这位领导人。结果是，尽管有理念上的差别，他们仍愿意接受他的领导。

### 当追随者同时欣赏领导者及其目标时，他们会全力以赴

当人们同时欣赏领导者及其目标时，不管环境多么恶劣，成功的机会多么渺茫，他们仍然会一直追随领导者。这就是为什么当年印度人面对英军枪弹造成上千人丧命的时候，依旧追随甘地的领导而绝不还击的原因。同样这也激发了美国空间计划，完成约翰·肯尼迪总统把人类送上月球的目标。也正是基于这个原因，在马丁·路德·金博士被暗杀身亡之后，人们仍然继续着他的梦想，他的追随者因此受到激励继续完成他未竟的遗志，尽管遇到重重困难，却甘心奉献。

作为领导者，只有伟大的目标并不足以吸引人们追随你。你必须首先成为更优秀的领导者，让下属们都拥护你。如果你期待自己制定的目标能够实现，这就是你所要付出的代价。做一位成功的领导者，你就不

能忽视"接纳法则"。

## 争取时间让人们先接纳你

你从前可能试图要人们接受你的目标,却毫无进展,原因很可能是你违反了"接纳法则",而你对此却一无所知。1972年我第一次认识到这个法则的重要性。那时候,我刚接受了第二个牧职。在"导航法则"那一章已经说过,当我来到那个教会几年后,终于成功带领他们完成了一次花费几百万美元兴建新教堂的计划。但刚到该教会时,这个计划并非是会众原来的期望。在来到该教会的前一个星期,有超过65%的会众投票支持建造一座新的活动中心。

我想出一个办法,我组织了一个委员会,就建造新活动中心方案所涉及的所有议题进行全盘的研究,我告诉委员会成员们:"如果我们要投入如此庞大的时间和金钱,就必须对此计划有完全的把握。因此我们必须收集一切与此计划相关的重要事项,经过深思熟虑之后才动工。"大家都认为这个提议很好,于是委员们就开始了各自的工作。

接下来的一年里,委员会几乎每个月都向我汇报他们收集到的资料。每次我都称赞他们的工作成绩,然后提出几个问题鼓励他们继续好好地研究。

## 接纳不是关乎领导者

作为领导者，我有责任保证整个组织不会因为犯极其严重的错误而自毁前程。推迟宣布我的计划使我赢得足够的时间让员工们接纳我。与此同时，我也努力在会众中树立自己的威望，并与教会的领导者们建立密切联系。我努力回答每个员工的问题，以确定他们能够充分了解我的想法。这样一来，我就可以与他们分享有关教会工作的构想、期盼和梦想。再加上教会人数不断增长，事实胜于一切，全体会众开始相信我和我的领导能力。

大约六个月以后，人们开始看到教会朝着一个新的方向变化。一年之后，建筑委员会做出一项决议：建造一栋活动中心不符合教会的最大利益，因此他们建议放弃那个决议。再过一年，全体会众有了新的共识：教会未来成长的关键在于建造一间新会堂。时机成熟后会众们进行了全体表决，其中有98%的人投票赞成。于是新会堂的建设就如火如荼地开始了。

诚然，在我刚到这个教会时也可以立即将自己的目标和计划强加于会众。在我担任第一个领导职位的时候，很可能会这么做，因为当时我没有经验，而且不知道对领导者的信任和对目标的信任同样重要。但是，那个时候我已经日趋成熟了。其实1972年时我对建立新会堂的目标和构想与两年后付诸实施时是完全一样的，可是如果我一到教会就推动建造会堂，就不可能成功地帮助他们取得最大的成功，反而可能会导致另一种情况——削弱我的领导力。

> 作为一位领导者，成功是以你是否有能力带领下属达到他们认同的目标来衡量的。但在此之前，你必须先让他们接纳你成为领导者。

身为领导者，如果事情不成功就不会得到任何肯定。不能因为你做的是正确的事就有功劳，成功是以你是否有能力带领下属达到他们认同的目标来衡量的。但在此之前，你必须先让他们接纳你、支持你。这就是"接纳法则"所包含的道理。

将

# 接纳法则
## 应用于你的生活

1.对你的领导力和所在的组织，你有自己的目标吗？为什么你要领导？你想实现什么目标？把这些想法写下来，做成一个目标说明书。为了达到这个目标，值得你花费时间和努力吗？你愿意为这件事情奉献生命的一部分吗？如果不是，重新思考你在做什么、为什么。

2.下属们对你的拥护程度如何？如果你领导的团队人数不多，列出所有成员的名字。如果人数众多，那就列出可以影响整个团队的核心成员。按照1分–10分的标准给每个人对你的拥护程度打分（1分表示他们在自己的本职工作方面都不愿拥护你。10分表示即使有生命危险，他们都会一直衷心拥护你）。如果你的下属不拥护你，他们就不会协助你实现你的目标。即使他们欣赏这个目标，他们也会寻找新的领导者。

3.思考可以让每个人都信任你的方法。有很多种获得信任的方法：

- 通过接触发展与他良好的关系
- 表现诚实、可信，建立信任
- 提高自己的标准、树立好榜样
- 为他出色完成工作提供帮助
- 帮助他实现个人目标
- 培养他成为领导者

对不同的人使用不同的方法来获取他们的信任。如果把提升他人价值定位为自己工作的首要目标，那你的受拥护程度就会迅速上升。

# 15.制胜法则

## 领导者为他的团队找出一条制胜之路

你是否思考过，成功的领导者与失败的领导者之间的差别在哪里？要成为成功领导者需要具备哪些条件？很难指出某一种特质就能造就成功者与失败者。每种领导的情况各不相同，每一次危机也各有其独特的挑战。但我认为所有成功的领导者都具有一个特质，就是他们不能接受失败。为了取得成功，他们费尽心思地策划，然后动员每一份人力物力实现它。

### 这是他们最美好的时刻

危机似乎能将领导者身上最好或最差的特质逼出来，这是他最好的时机。第二次世界大战期间，当阿道夫·希特勒威胁要粉碎并按照个人意愿重新塑造欧洲的时候就是这样的情况。但有一位坚信会胜利的领导者崭露头角，他反对希特勒和纳粹军队，他就是"制胜法则"的实践者——英国首相温斯顿·丘吉尔。丘吉尔激励英国军民抗击希特勒并最终赢得战争。

在1940年成为首相之前的几年，丘吉尔早已经大声疾呼反对纳粹主义。1932年，当时似乎只是他一个人看到灾难而提出警告说："不要使自己陷入谎言的迷惑……不要相信德国人所要求的只不过是争取平等地位……他们真正争取的是武器，一旦拥有了武器，他们必将采取行动收回以前所丧失的领土及殖民地。"作为一名领导人，丘吉尔预见到了将要发生的事，而且努力让英国军民为不可避免的战争做好准备。

---

渴望获胜的领导者都有不服输的决心。他们完全不能接受失败。

---

随后几年，丘吉尔不断地演说表明立场、反对纳粹主义。1938年当希特勒兼并奥地利时，丘吉尔警告下议院的同僚说：

> 五年来我一直在下议院提起这些事，却没什么人愿意听。我看到英国这个出名的岛国正在无节制地朝着深渊沉沦下去，现在是唤醒这个国家的时候了。或许这是最后一次机会，能唤醒这个国家站起来，制止战争的发生，这样或许当战争无法避免时，这个国家还能胜利地渡过这场劫数。

不幸的是，首相内维尔·张伯伦和其他英国领导人不敢站出来反抗希特勒，他们没有为胜利做好准备。结果，越来越多的欧洲领土陷入了纳粹的手中。

到1940年夏天，欧洲大部分土地已经落在德国人的控制之下。但就在那时发生了改变世界历史的事情——65岁的温斯顿·丘吉尔成为英国的领导人。丘吉尔是一位勇敢的领导者，一生都在力行"制胜法则"。他拒绝在纳粹的威胁下低头。有一年多的时间，英国单独面对德国入侵的威胁。当希特勒表示要与英国谈判时，丘吉尔断然拒绝。当德军开始轰炸英伦三岛时，英国坚强地屹立着。同时丘吉尔积极地寻找新出路，以争取战争最终的胜利。

## 丘吉尔绝不接受任何妥协

丘吉尔一次又一次地重振英国人民的士气。他在担任首相后的第一次演说中，就如此鼓励大家：

> 摆在我们面前的，是一场极为痛苦的严峻考验；摆在我们面前，有许多许多漫长的斗争和苦难的岁月。你们问：我们的政策是什么，我要说，我们的政策就是用我们的全部力量，用上帝所给予我们的全部力量，在海上、陆地和空中进行战争，同一个在人类黑暗悲惨的罪恶史上所从未有过的穷凶极恶的暴政进行战争。这就是我们的政策。你们问：我们的目标是什么，我可以用一个词来回答：胜利——不惜一切代价，去赢得胜利；无论多么可怕，也要赢得胜利，无论道路多么遥远和艰难，也要赢得胜利。因为没有胜利，就不能生存。

与此同时，丘吉尔竭尽全力寻求制胜之道。他调派部队前往地中海打击墨索里尼的势力。尽管不认可苏联的制度，他还是与之结盟，尽管英国本身物资奇缺，自身难保，但他仍然将大批援助送往苏联。此外他开始与另一位伟大的领导人富兰克林·罗斯福建立良好的私人关系。尽管这位美国总统无心参战，但丘吉尔仍然努力与他建立友好的关系，期盼有一天，这种相互尊重的友谊能转化成两国并肩作战的伙伴关系。事实证明，他这一切努力到后来都获得了效果。日本轰炸珍珠港，把美国拖入战争的那一天，丘吉尔兴奋地对自己说："看来我们终究会赢的。"

> 我们的目标是什么？用一句话回答，赢得胜利！不惜任何代价，不管面对多少恐怖，我们就是要打胜仗。不管这条路有多长、多难。不能获胜，就只有灭亡。
>
> ——温斯顿·丘吉尔

## 另一位致力于获胜的领导者

当丘吉尔从富兰克林·罗斯福那里寻求援助的时候，其实罗斯福已经花了数十年的工夫实践"制胜法则"。事实上这个法则正是他一生奋斗的描述。他克服自己所患的小儿麻痹症，投身政治，打败对手而得胜。而他当选美国总统所承担的重任，便是将美国从经济大萧条中挽救回来。他必须学会如何在不可能的情况中走出一条生路。他奋战到底，终于看到20世纪30年代过去后，整个国家的经济逐渐复苏。

世界那时面临着存亡危机。普利策奖得主、历史学家小阿瑟·施莱辛格指出："第二次世界大战是民主政体为求生存而战。到1941年，全世界大约只剩下十来个民主国家。然而，伟大的领袖及时出现，为民主政治力挽狂澜。"罗斯福和丘吉尔所组成的团队为自由世界提供了最佳的领导。正如丘吉尔号召英国人民齐心协力一般，罗斯福总统也集合美国民众，号召他们全力以赴为维护世界民主自由而战，其成就在历史上几乎无人匹敌。

对丘吉尔和罗斯福来说，胜利是唯一选择。如果他们当年允许任何妥协，今日的世界必定截然不同。施莱辛格说："试观今日世界，它显然并非希特勒的世界，他梦想中的千年国度只不过维持了短暂而血腥的十几年岁月。"没有丘吉尔与英国，全欧洲都会沦陷。没有罗斯福与美国，已经沦陷的欧洲可能永远无法重享自由。即使是阿道夫·希特勒和他第三帝国再强大的军队，也无法在这两位笃行"制胜法则"的领导者面前站立。

## 伟大的领导者能找到制胜之路

伟大的领导者在压力下最能发挥潜力，而使他们的内在特质得以展现。1994年，南非第一次多种族大选中，尼尔森·曼德拉当选为南非总统。这对南非人民而言是一场空前的大胜利，他们等待了太长时间。

> 伟大的领导者在压力下最能发挥潜力，而使他们的内在特质得以展现。

曼德拉以27年的牢狱生活才换来这最后的胜利。在漫长的岁月中，他无时无刻不在追求胜利。他参加非洲国民大会，但后来这个组织被南非政府宣布为非法。因此他开始筹划和平的示威抗议活动，进而转入地下活动，并到海外寻求各方支援。在情况急转直下时，他勇敢地面对审讯，以尊严和勇气接受服刑的判决。最后时机成熟，他担起责任，与南非总理克拉克协商改组南非政府。曼德拉说他自己："我不过是个平常人，却因为非常的境遇，终于磨成一位领袖。"我个人认为曼德拉乃是因为性格的刚毅以及对"制胜法则"的实践，终成一位卓越的领袖。

## 每天都能目睹这个法则

最杰出的领袖必须要迎接挑战,竭尽所能地为人们赢得胜利。在他们眼里:

领导就是责任
失败不能接受
激情不能抑制
创造力很重要
逃避不可想象
责任毫无疑问
胜利不可避免

按照这种思想,他们坚定决心,迎接挑战,为他的下属赢得胜利。

在运动中,我们经常可以看到"制胜法则"。而生活中,领导者们多半是在幕后付出代价,因此你不见得能看到这个法则的具体运用。但是球场上,领导者的一切努力都会展现在观众眼前,当终场的铃响或比分公布在记分牌上时,你立刻就知道谁赢了,也知道他是怎么赢的。比赛最容易让人分出谁输谁赢,并比较出实力的高低。

公牛队练球的时候,首发球员被分到白队,另外五人则穿上红色球衣。洛杰里(前公牛队教练)一开始通常把乔丹分在白队里。因为有乔丹与队友伍瑞奇,白队很容易就以8比1领先或者在11局制的比赛中7比4获胜。照例,每次练球赛中输了的那一队赛后须多跑几个冲刺跑。于是，当白队把进球数拉开时，洛杰里就把乔丹调换到红队继续比赛。结果常常是红队反败为胜。

在职业生涯之初，乔丹更多的是依靠自己的球艺和努力为球队赢得比赛。但随着他日益成熟，就更加注意如何成为一个领导者，使整支球队打出更好的水平。乔丹认为很多人都忽视了这一点。有一次他说："如果某场比赛我没上场，每个人都追问，没有乔丹的公牛队会赢球吗……为什么没有人问究竟我如何在球队中作贡献，而使比赛结果有胜负之别呢？我打赌没有人会说他们想到我的领导能力，或者是我有使队友打出更高水平的能力。"其实这种领导能力正是乔丹对球队最大的贡献。领导者总是能为他的团队找出一条制胜之路。

找到让球队赢球的方法成为许多杰出篮球运动员的标志。波士顿队的中锋比尔·拉塞尔就以能否帮助全队打得更好，来衡量自己比赛的表现，结果他们共获得了11次NBA总冠军。湖人队后卫魔术师约翰逊是一位出色的得分手，他曾三次当选NBA最有价值球员、获得五次总冠军，但他最大的贡献在于领导球队的能力，而且他能够很快地抢到球传给其他球员。20世纪80年代，凯尔特人队的拉里·伯德也同样取得了成功。作为球员，他获得了当年年度最佳新秀，三次当选最有价值球员，三次带领球队夺得NBA总冠军，后来担任球队教练也取得了辉煌的成功。在他第一年担任印第安纳步行者队教练的时候，就为球队创下了历史最高胜率，58胜24负的战绩也使他当选为NBA年度最佳教练。

优秀的领导者总是能为他的团队找出制胜之道。这就是"制胜法则"。至于他打的是哪种球赛，并无所谓。例如迈克尔·乔丹、魔术师约翰逊和拉里·伯德是在NBA比赛中崭露头角的。而约翰·埃尔维和乔·蒙坦纳在橄榄球赛中也展现其领导能力（埃尔维是NFL历史上带领球队在第四节反败为胜次数最多的四分卫），贝利则在足球场上扬威，他率巴西队赢得了史无前例的三次世界杯。领导者总能找到方法带领自己的队伍迈向成功。

## 胜利的要素

无论是球队、军队、公司还是非营利组织，如果整个团队有克敌制胜的决心，只要具备三个要素，就有可能取得最后的胜利。

### 1.统一的目标

不管一个团队拥有多少人才及潜力，唯有当所有成员都有统一的目标时才可能取得成功。如果成员都各有自己的打算，这样的团队绝对不可能赢得冠军。这一道理在职业球队、企业界，甚至非营利机构都是适用的。

高中的时候我便深深体会到这一道理。高二时我是校篮球队的球员。校队里的每个球员都非常出色，都是特别甄选出来争夺州冠军的球员。然而球队有一个问题，就是高二球员与高三球员关系恶劣到根本无法一起打球的地步。最后教练只好把球队分成两组。在四场比赛里把我们分成两支队伍分别上场比赛，一支由高二学生组成，另一支由高三学生组成。最后结果很惨。为什么？我们失去了统一的目标。球员们是为了与别的年级的同学打球，而不是为了整支球队。

### 2.多样化的技能

不用说大家也知道，一个球队必须有多样化的技能。你能想象一个全由守门员组成的曲棍球队吗？或者橄榄球队全是四分卫？如果一家企业里只有销售人员或者只有会计，会怎么样呢？或者在非营利机构只有募捐者，或只有策划者呢？这是绝对不行的。每个组织都要具备多样的技能，才能成功。

> 如果成员都各有自己的打算，这样的团队绝对不可能赢得冠军。

有一些领导者在这个方面陷入了误区。事实上，我以前也曾如此。很惭愧，有段时间我曾想过如果人们都像我一样，他们就能成功。现在我更明智了，我明白每个人都有自己的长处。我们就像人类身体的每个部分，只有每个部分都各尽其职，身体才能运行良好。

我知道我的团队成员每个人都在把他（她）特有的技能贡献出来，我对他们作的贡献甚为感激。越是新上任的领导，越是天赋的领导能力强，你就越容易忽视下属的重要性。不要犯这种错误。

### 3.一位愿为胜利而献身、致力于发挥队员潜能的领导者

> 一定要有最好的球员才能获胜，我不在乎谁是教练。你没有好的球员一定赢不了，可是有好球员也可能输球。这就是教练带来的差别。
>
> ——卢·霍尔兹

没错，队伍中的每个人都各有专长，又都有一流的技术是十分重要的。正如前圣母大学橄榄球队总教练卢·霍尔兹说："一定要有最好的球员才能获胜，我不在乎谁是教练。你没有好的球员一定赢不了，可是

有好球员也可能输球。这就是教练带来的差别。"也就是说,有好的领导才可能使这些好球员赢球。

统一的目标是不会自动产生的,技术不同的球员也不可能自动走到一起,这必须经过教练的努力才能实现。只有教练,才能提供球队获胜所需要的动机、能力与方向。

## "制胜法则"是他的本分

在近些年的成功案例中,有一则最值得注意,那就是我在"亲和力法则"中所提到的西南航空和赫伯·凯勒尔。他其实也是"制胜法则"的最佳实践者。今日的西南航空已经成为一家实力强大的公司,其业务蒸蒸日上,它飞行的每条航线都占有重要的市场地位,而且公司在稳定中成长,股票表现非常出色。事实上它是1973年以来唯一一家每年都获得赢利的美国航空公司——而其他一些公司有的倒闭,有的消失。它也是"9·11"后唯一一家发展势头良好的航空公司。

员工喜爱在这个公司里工作,因此很少有人跳槽。在航空界,其工作生产力位居第一,顾客们也特别喜爱这家公司,每年给西南航空公司的服务评分都名列前茅。而且自1987年以来,它一直是业内受到顾客服务投诉最少的公司。

或许你会以为西南航空公司自成立以来就一直这么顺利。但事实并非如此。它能有今天,正是"制胜法则"最好的明证。1967年,罗林·金创立了西南航空公司,当初不过是得州一家小飞机公司,当时的合伙人有一位银行家约翰·帕克,还有一位律师赫伯·凯勒尔。他们花了4年时间才争取到公司第一架飞机的飞行权。当时,新公司刚刚成立,其他的同业像布兰尼夫、得州航空及大陆航空三家公司就联合起来抵制，他们的计谋几乎得逞。赫伯·凯勒尔在一场接一场的法庭诉讼中，不屈不挠地为公司的存亡作殊死战斗。眼看着公司的创业资金即将消耗殆尽，就在他们将被击垮，连董事会都想放弃的时候，凯勒尔却说："让我们再与他们拼一场，我会继续在法庭上代表公司，暂时不收分文律师费，而且还自掏腰包预支诉讼费的每一分钱。"最终，这桩官司在得州最高法院赢得了诉讼，争取到了公司所迫切需要的飞行权。

公司开始运营后，他们聘请了最有经验的航空业领袖拉玛尔·缪斯作为新的首席执行官，接着缪斯又雇用了最优秀的各部门主管，一起为新公司的成长奋斗。到此刻为止，其他同业仍然视他们为眼中钉，想把他们除之而后快。凯勒尔负责法律事宜，缪斯则争取它的市场，二人同心协力让公司维持下去。由于往来休斯敦的飞机无法满载，西南航空公司就使用休斯敦的霍比机场，因为这个机场非常靠近市区，如此一来旅客们就更加方便。当所有的大航空公司都迁往新建的达拉斯富特沃斯机场的时候，西南公司继续沿用原先比较方便的拉菲尔德机场。当公司为生存必须卖掉四架飞机中的一架后，公司主管们设计了一套方案，让飞机在两段航程之间停留在地面的时间不超过十分钟，这样公司就能维持原有的航线和班次。当他们再也找不出其他方法使飞机满载时，就首创出高峰和低峰时段减价方法，让那些不需要受时间限制的旅客可因优惠的折扣改搭低峰时段的班次。

在这过程中，凯勒尔继续在法庭上奋斗，帮助西南航空公司生存下去。1978年，即公司正式飞航后的第七年，他成为公司的董事长。1982年，他同时兼任公司总裁与首席执行官。今天，他仍然是公司的董事会执行总裁。他和同事们不断奋斗，寻找各种可行的方法使公司更加出色。请看他们所取得的辉煌成绩：

**西南航空公司今昔对比**

|  | 1971年 | 2006年 |
| --- | --- | --- |
| 拥有客机数量 | 4 | 468 |
| 年底所雇员工总数 | 195 | 30 000+ |
| 年载客量 | 108 000 | 88 400 000 |
| 飞航城市数目 | 3 | 51 |
| 每天飞行次数 | 17 | 3100+ |
| 股票总值 | 330万美元 | 66.8亿美元 |
| 总资产 | 2200万美元 | 142亿美元 |

西南航空公司的总裁柯林·巴瑞特总结说："斗士的心态——为求生存而奋斗的精神，乃是创造本公司文化的原动力。"凯勒尔、巴瑞特以及其他西南公司领导团队所拥有的不仅是求生的意志，更是求胜的意志。所有实践"制胜法则"的领导者都相信，他们不成功决不罢休，因此他们没有退而求其次的计划。这样的信念支撑着他们继续奋斗下去。

---

所有实践"制胜法则"的领导者都相信，他们不成功决不罢休，因此他们没有退而求其次的计划。这样的信念支撑着他们继续奋斗下去。

---

说到你所领导的团队，你对于它取得成功所抱的期望有多大？为了赢得所期待的成功，你付出了多少心血？当你努力奋斗的时候，是否决心坚守"制胜法则"至死不渝，或者每次困难来临时就想放弃？你的回答将决定你是个成功的领导者还是失败的领导者。

## 将
# 制胜法则
### 应用于你的生活

1.运用"制胜法则"的第一步就是要承担责任,为你的团队、部门和组织取得成功。这个责任必须要你个人担负。你所承诺的东西必须要比下属们承诺的更多。同时你还应该充满激情,你的奉献精神必须毋庸置疑。

现在你已经做出这种承诺了吗?如果你不能说服自己做出某种承诺,那么以下的三件事中有一件很可能是真的:

- 你追求的目标错误。
- 你不在适合的组织。
- 你不是适合的领导者。

这样,你就必须做出相应的调整。

2.如果致力于带领团队取得胜利,只有团队中有优秀的人才,你才能取得成功。思考要实现目标所需要的所有技能,并把它们一一列出来。然后把你列出的和团队里成员的能力作一下比较。如果有一些技能和任务没有任何一个成员能够胜任,那么你就需要吸纳其他成员到团队里,或者培养现有的成员。

3.带领团队取得胜利的另一个重要因素是要有统一的目标。首先作一些非正式的调查,询问员工们什么对他们很重要,问问他们每个人都想取得怎样的成绩。然后让他们描述整个团队、部门或组织的目标和任务。

　　如果你得到的是不同的答案，你就要不断清楚而又不失创意地告诉他们团队统一的目标，直到每个人心中都有了一致的目标。此外，你还应该和团队成员一同协作，把他们的个人目标与整个团队目标融合到一起。

# 16. 动势法则

## 动势是领导者最好的朋友

如果你既有激情、方法又有实现伟大目标所需要的人才,但似乎仍不能将整个组织带往正确的方向,那么作为领导者的你就没有发挥应有的作用。如果不能让事情有所进展,最终你就不会成功。在这种情况下,你需要做什么呢?你需要看看"动势法则",掌握运用领导者最好的朋友:动势。

## 白手起家

爱德·卡特莫尔是一个既有天赋又有远大抱负的人,从小就梦想长大后成为一位动画设计师和电影制作人,但上大学时,突然觉得自己还不够优秀。于是,他刻苦努力,并迅速把精力集中在物理和计算机科学上,而且在四年内分别获得这两科的学士学位。毕业后,他在波音公司工作了几年,后来又决定攻读硕士学位,并且这次他选择的是计算机科学下的一门新兴学科——计算机绘图。通过系统的学习,他掌握了如何在计算机的辅助下绘画。这又重新燃起了他成为电影制作人的梦想。1974年获得博士学位之前,卡特莫尔一直都在开发新软件并寻找机会制作电脑合成的影片。

1979年，著名电影制作人乔治·卢卡斯邀请卡特莫尔担任卢卡斯电影公司电脑图形部主任。在接下来的七年里，卡特莫尔聘请了美国最优秀的技术人员以及其他方面的人才，包括在迪士尼公司工作过的约翰·拉萨特。卡特莫尔的小组不断取得技术上的创新并制作出一些不错的影视作品，比如《星际迷航》的续集《可汗之怒》（*Star Trek II: The Wrath of Khan*）。由于这个部门运作的成本太高，卡特莫尔试图说服卢卡斯让他试着制作电脑合成影片。然而，当时的技术还不够成熟，而且制作这种影片的成本非常昂贵，所以他的努力失败了。最后，卢卡斯决定卖掉电脑动画部。1986年，史蒂夫·乔布斯出资500万美元买下了它，然后又投资500万美元使这个部门成为一家独立的公司，并命名为皮克斯公司。

一开始公司很难赢利，皮克斯就制作一些展示其技术水平的小短片。它的第一部短片是《顽皮跳跳灯》（*Luxo Jr.*），它通过两盏卡通台灯演绎家长和孩子之间的故事。那个时候，在展示电脑动画制作的影片之后，业内专家都会向制作人提出许多技术性的问题，包括他们的算法设计及使用的软件等。当卡特莫尔和拉萨特被问的第一个问题是那个老台灯是爸爸还是妈妈时，他们都欢欣鼓舞，因为他们知道自己又向成功迈出了重要的一步。他们明白自己不但与观众们联结在了一起，而且还成功地描述了一个生动的故事，再不仅仅是炫耀新技术了。拉萨特说：

> 我们肯定没有足够的金钱、电脑、人力、时间去做那些眼花缭乱的飞行动作镜头以及其他的特技——我们没有时间花费在这些上面。我们拍的电影只能把镜头锁定而且没有背景，但是它却使观众们的注意力都集中在电影的故事情节和

人物性格上。所以这是第一次应用电脑动画制作的电影来娱乐观众。

广受好评的《顽皮跳跳灯》获得了奥斯卡的一个奖项提名。但是卡特莫尔和他的团队距离制作一部大型动画片的梦想还有很长的一段路要走。当时公司最大的挑战就是生存问题。因此，皮克斯不断地提高动画技术水平，并获得了很多的认可和荣誉，包括1989年的第一个奥斯卡奖项。为了实现自己的梦想，皮克斯团队也开始制作一些电脑动画广告（你可能会记得李施德林产品的广告，那是皮克斯的作品），但是皮克斯还是很难创造出继续发展的动势，他们虽然在不断进步，但速度太缓慢了。

到了1991年，皮克斯终于获得了业界的信任，他们取得了具有重大意义的突破。公司高层们认为他们已经准备好再前进一大步——制作一部一小时的电视专题影片。拉萨特于是接触了他的老东家迪士尼并提出了这个想法。迪士尼的反应让他很惊喜：迪士尼提供了一份赞助皮克斯用电脑动画制作动画长片的合同。迪士尼会出资赞助计划，而皮克斯负责制作电影并可以获得部分利润。

这样，皮克斯公司终于有机会实现卡特莫尔的目标了，但公司上下还要继续努力。他们开始着手制作后来被命名为《玩具总动员》（*Toy Story*）的动画片，在这个过程中，团队成员在人物角色和故事情节方面遇到了困难。迪士尼公司要求拉萨特团队把人物制作得更俏皮一些，但他们总达不到要求。制作了两年后，迪士尼的首席动画师告诉他们："伙计们，不管你们怎么努力修改它，都不会符合我们要求的。"拉萨特恳求迪士尼公司不要放弃，再给他们一次机会把它修改好。"我们要求所有的员工通宵加班工作，在两个星期之内重新修改了《玩具总动员》的第一场，"拉萨特回忆说，"当我们把完成的作品交给迪士尼的时候，他们都惊呆了。"

《玩具总动员》之后的制作过程进展十分顺利。皮克斯用了四年的时间完成了这部动画巨片。但就在这期间，其他的一些工作室用卡特莫尔和他的小组开发的技术制作了一些电影，如《侏罗纪公园》（Jurassic Park）和《终结者2》（Terminator 2）。"这让我们很沮丧，"卡特莫尔说，"在我们忙于制作迪士尼电影的时候，他们却因这些动画电影而获得好评。可他们使用的软件都是我们写的！"

尽管旁人还没有看到这个过程，但皮克斯已经开始创造自己的时代了。《玩具总动员》1995年11月首映之后，所有人都清楚地看到了他们不可思议的成功。四年前和迪士尼公司签约的时候，皮克斯首席执行官史蒂夫·乔布斯估计："第一部电影如果是'一般成功'——即票房达到7500万美元——我们双方都刚好够本。如果达到1亿美元，我们都能赚到钱。但如果它真的能成为大片，赚到2亿或以上的票房，我们都能赚到很多钱，迪士尼将赚到更多的钱。"几乎没有人能预料到这部影片能取得美国国内1.92亿美元、全球3.62亿美元的票房成绩。

从那时起，皮克斯的能量变得日益强大，而且一直不断在发展。公司赢得了17个奥斯卡奖，获得了42项专利权。继《玩具总动员》之后，皮克斯接连制作了几部成功的大片：《昆虫总动员》（A Bug's Life）、《玩具总动员2》（Toy Story 2）、《怪物公司》（Monsters Inc.）、《海底总动员》（Finding Nemo）、《超人特工队》（The Incredibles）以及《汽车总动员》（Cars）。这些电影在全球共取得了36.7亿美元的票房成绩！

## 转变

有意思的是，当皮克斯产生了动势的时候，帮助它取得突破的迪士尼公司却失去了冲劲儿。迪士尼的动画部陷入了危机。它最后一部成功的动画片是2002年的《星际宝贝》（*Lilo & Stitch*）。此外，它还制作了三部高成本低收入的动画片：《亚特兰蒂斯》（*Atlantis*）、《金银岛》（*Treasure Planet*）和《牧场是我家》（*Home on the Range*）。迪士尼如何才能再创造出新能量呢？2005年10月成为迪士尼总裁兼首席执行官的鲍勃·伊格尔找到了办法：他出资收购了皮克斯公司。原来迪士尼帮助发展的公司现在要帮助迪士尼发展了。卡特莫尔成为迪士尼动画工作室的总裁，拉萨特成为首席创意师。"迪士尼有过两次鼎盛时期，"卡特莫尔说，"我们将会创造第三次辉煌。"

那么皮克斯公司呢？它将会继续在卡特莫尔和拉萨特的领导下工作。当你有了巨大的动势，你就不会让任何事来阻止它发展。总之，动势是领导者最好的朋友！

## 动势的真相

为什么动势是领导者最好的朋友？因为很多时候，成功与失败的差别就在于有没有动势。如果没有了动势，就连最简单的任务也会变成登天难题。微小的问题似乎成了不可逾越的障碍，团队的士气持续低落，前景也变得暗淡。一个没有动势的组织就像已经停止的火车，它难以前进，即使是轨道上的小木块都能让它止步不前。

---

为什么动势是领导者最好的朋友？因为很多时候，成功与失败的差别就在于有没有动势。

---

相反，如果拥有了有利的动势，你的前景就会一片光明，一切阻碍都算不了什么。一个有了动势的组织就像是每小时跑60英里的火车，即使你在铁轨上建一堵钢筋混凝土墙，它也会直直地冲过去。

要使组织、部门或团队获得成功，你必须要学会并在组织内最大限度地使用"动势法则"。下面是你需要知道的关于动势的一些常识。

**1. 动势是放大器**

在体育比赛中，很容易看到"动势法则"发挥作用，因为动势的变化是在你眼前的几个小时内产生的。当一支队伍状态出色的时候，似乎每个动作都很有效，每次射球都能得分，而且整支队伍都不会出现失误。而当队伍消沉的时候，不管你多么努力尝试多少种方法，好像都不起什么作用。动势就像是放大镜，它使事物看起来比原来真实的要大。这就是我要把它称做放大器的原因，同时这也是领导者努力控制动势的原因之一。

---

动势就像是放大镜；它使事物看起来比原来真实的要大。

---

由于动势有着巨大的影响，领导者都想努力控制它。因此，在篮球场上，当对方连续得分、动势越趋强大的时候，优秀的教练会立刻叫暂

停。因为他们知道如果任凭对方的动势发展下去，自己的球队必定凶多吉少。

你听到过球队在赢得冠军的重要关头抱怨球员受伤，或者怀疑整支队伍的能力，或者彻底改变战略的吗？这是不可能发生的。难道是因为没人受伤、所有事事都很顺利？不，其实是因为动势会加速他们的胜利。一旦产生了动势，你就不会担心小问题，而许多大问题似乎也能迎刃而解。

**2.动势可以美化领导者**

当领导者有了动势，人们不但觉得他是个天才，忽视他的缺点，还会忘记领导者曾犯过的错误。动势改变了人们对领导者的看法。人们往往喜欢追随胜利者。

年轻的领导者通常得不到应得的赞扬。我经常鼓舞年轻的领导者不要灰心。领导者是业内新人时，他们还没有创造出任何动势，因此下属们通常都不会信任他们。约翰·拉萨特从迪士尼跳槽的原因之一就是由于他有很多想法，而迪士尼的主管们，也就是那些优秀电影制片人手下的二级动画师们想让他难堪。拉萨特记得一位主管告诉他："闭上你的嘴，或许你在这里工作20年后，我们会听你的意见。"虽然他觉得自己可以比这做得更好。

一旦领导者为组织带来了成功并凝聚了动势，人们就会给他更多的赞赏。原因何在？就是因为"动势法则"。动势放大了领导者取得的成功，而且让他们看起来比真实的他们更加优秀。这或许不太公平，但"动势法则"就是有这种作用。

多年来，我一直努力提升人们的价值。通过写了50本书、讲授了数以千计的领导力的课程，我创造了许多动势，我所做的事情似乎都在往积极的方面放大。我经常说在开始职业生涯的时候，我并不像人们想象的那么糟糕。而今天，我也并不像人们赞扬的那么优秀。为什么会这样？就是因为动势的作用！

### 3.动势帮助下属们表现得更好

当一个组织里有了出色的领导，又有动势的时候，成员们的潜力就会被激发、鼓舞，从而超水平发挥自己的能力。他们的效率之高甚至超乎自己的预期。如果你还记得1980年冬季奥运会那支美国冰球队，就会明白我的意思了。那支队伍虽然实力强劲，但是还没有夺得金牌的实力。结果他们却拿到了金牌。为什么？因为在杀入决赛之前的几场比赛中，他们连克强敌。这种连连取胜强敌的气势在球队中产生了极大的动势，使得每个球员的表现都超乎了所有人的预想。在击败苏联队后，已经没有什么可以阻止他们带着金牌凯旋归来了。

同样的道理也适用于商业领域和非营利机构。当一个组织产生了巨大的动势，所有的参与者都会比原来更成功。让我来告诉你如何检验这句话正确与否：当领导者（特别是中层的）在某个动势强大的组织里获得成功后，离开这个组织，就会猛然发现自己变得很平庸，你就可以明白这就是"动势法则"在起作用。在一个具有动势的组织里，即使是普通人也能超水平表现自我。

---

在一个具有动势的组织内，即使是普通人也能超水平表现自我。

---

### 4.掌握动势的方向要比创造动势容易

你如果滑过水，就知道要从水中站起来是比较困难的，而一旦已经站在水面，要掌控滑水的动作就比较容易了。想想你首次滑水的经验，在你站起来之前，船拖着你在水中前进，这时巨大的水花砸在你的胸膛与面孔上，手酸得使你怀疑自己是否还撑得住，眼看就要放弃了。就在这一瞬间，水的力量突然将你托起到水面上，你竟然滑起水来。这时候你只要轻轻地把全身力量从一只脚移到另一只脚上，就可以改变滑行的方向了。这就是领导力动势作用的写照。启动的时候最困难，而一旦开始前进，你会发现真的可以做些惊人的大事。

**5.动势是带动改变最有力的因素**

皮克斯公司的故事是动势作用强大的经典案例。它让一家资金短缺、人员不足、为生存而奋斗的公司变成了一个娱乐业的巨头。在没能产生动势的初期，公司上下甚至认为它将只会成为医疗公司的硬件供应商。如果真的变成这样的公司，它肯定会失去很多极具天赋和高效率的人才。然而，结果却是它帮助动画片之父——迪士尼公司再造出新的辉煌。

组织如果有了足够的动势，它几乎就能带动任何事情的改变。人们往往喜欢追随胜利者。下属们愿意信任那些已经取得佳绩的领导者。人们往往乐意接受改变，只要这些改变是由曾经带领他们获得成功的领导者做出的。可以说，动势使得胜利唾手可得。

---

只有领导者才能够激发出动势。

---

**6.创造动势是领导者的责任**

只有领导者才能创造出动势。追随者只是追随着这些动势。而动势一旦产生出来，行政人员就能让动势持续发展壮大。每一个人都能分享它所带来的益处。但创造动势却需要一个有思想、能组织优秀团队并激发他人的领导者来完成。如果领导者还要寻求他人来激发自己，那这个组织就有麻烦了；如果领导者等着组织自己创造出动势，那么它的情况同样不妙。创造动势并让它不断发展强大是领导者的责任。美国总统哈里·杜鲁门曾说过："如果想当厨师却又受不了高温，那你还是趁早从厨房出来吧。"但对领导者而言，这句话应改成："如果无法创造出动势，不如趁早从领导岗位上下来吧。"

### 7.动势从领导者自身产生

动势是从领导者自身产生的。它可能从领导者的目标、激情和热忱开始，也可能从他们的能力开始。著名作家埃莉诺·多恩说："除非火焰已在自己心里燃烧，不然你不要指望它在别人心里点燃。"

如果你每天都向下属们展现自己的激情，你就会把志同道合的人吸引到你的团队、部门或组织里，而且激励他们取得成功，到那时你就会看到进步的巨大了。如果这么做了，你就已经开始创造动势了，而且聪明的你会明白动势是领导者最好的朋友。一旦创造出了动势，你就能达成任何目标，这就是"动势法则"。

---

除非火焰已在自己心里燃烧，不然你不要指望它在别人心里点燃。

——埃莉诺·多恩

---

## 挑战不可能

在我认识的所有领导者中,那些在官僚机构里努力创造动势的人是最沮丧的。在这些机构里,人们通常都安于现状,止步不前,他们要么不愿意做出变化,要么不相信可以带来变化。

几年前我看过一部叫《为人师表》(*Stand and Deliver*)的电影,可能你也看过。电影讲述了一位在东洛杉矶加菲尔德高中工作的老师杰米·埃斯卡兰的真实故事。影片的重点虽然在讲述埃斯卡兰特殊的教导能力,可是故事的真实内容却是阐述有关"动势法则"的最佳写照。

在故乡玻利维亚生活阶段,年轻的埃斯卡兰身上就流淌着教导、激励及领导的热血,甚至在小学时代就开始做小朋友的家教,在完成大学学位之前就开始在大学教物理,而且成为城里最优秀的老师。

三十几岁时,埃斯卡兰全家移民到了美国。起初几年他在一家餐馆打工,之后,前往罗素电子公司工作。尽管这份工作颇有前途,他却不满足,他决定回到大学再修第二个学位,取得在美国教书的资格。埃斯卡兰心中燃烧着一股热忱,渴望在人们的生命中带来更新和变化。

43岁那年,他应聘前往加菲尔德高中讲授计算机课程。开学第一天,他来到学校时却发现学校没有经费购买电脑,因为他的专业是数学,因此他被分派去教基础数学。尽管非常失望,他仍然决定要教好第一堂课,他心中盼望着自己改变人生的梦想不至从指缝间流逝。

## 与负能量的巨浪搏斗

从教电脑课换到教数学课,还只是埃斯卡兰所面临的最小难题。暑假来面谈时感受到的安静校园,如今却显得一片混乱。校规荡然无存,学生斗殴事件层出不穷,垃圾及涂鸦满目皆是。学生们,有些还是从周围地区来的一些混混,白天就在校园里游荡,结伙滋事非常猖獗。这简直是老师最大的噩梦。

他几乎每天都想要辞职。然而由于对教学的热忱,以及为了提高学生们生活素质的崇高理想,他一直坚持不放弃。同时他明白学校如果不改变政策,学生们一定会遭殃,他们将很快退步沉沦。他只是希望这些学生可以回头上进。

机会终于来了。当新校长上任的时候,事情开始向好的方面发展。但埃斯卡兰还想加快步伐。他相信自己能为学生们的生命带来改变,也相信启动这个正面影响的契机,就是全校激励一些最优秀的学生参加微积分课程,这门课可以让他们为获得大学学分的AP测试(Advanced Placement,即美国大学预修课程)作准备。之前,学校也开始组织一些西班牙语的AP考试。有时也会有一两位学生参加物理或历史的AP测试。但问题是学校当局没有一位老师出来领导或推动这件事,而这恰恰就是埃斯卡兰发挥作用的地方。

## 微小的起步

1978年秋季，埃斯卡兰组织了第一个微积分的班级。全校3500名学生当中，他只能挑选出14位合格的学生来上这门课，从开始的那几堂课他就坦白地告诉学生，为了参加一年后的微积分AP测验，他们必须做好各项准备。但开学两周后，学生溜掉了一半，只剩下7名。而那些留下来的学生，水平都不够上微积分课程。到了第二年春末，班上只剩5名学生了，他们都参加了AP考试，结果只有两位通过。

尽管埃斯卡兰有点失望，但他没有放弃，特别是他已经看到了进步的迹象。他深信只要能够给几个学生尝到些胜利的滋味，培养他们的自信，给他们期望，他就能带动他们向前。他决定为达到这个目标不惜任何代价。如果有人需要激励斗志，他可以多布置些家庭作业或者单挑校队的选手去比赛手球（埃斯卡兰从来没有输过）。如果有人需要奖励，他会带他们去麦当劳餐厅吃饭作为奖赏。如果有人偷懒了，他会尽一切办法提起他们的兴趣。在这个过程中，他自己认真工作，以身作则成为学生们的好榜样，使他们也不断要求上进，渴望取得成功。

---

领导者总是想方设法找到那条通往成功的道路。

---

## 从一点小进步开始

第二年秋天,埃斯卡兰又开设了另一个微积分班,这次有9个学生来上课。一个学年后,8位学生参加了考试,其中6个通过了。他因这些进步而欣喜万分。关于他成功的消息就这样传开了,学生们听说埃斯卡兰的学生们都获得了大学学分,于是到1980年秋季的微积分班人数增加到15位学生。一个学年后,大家都参加考试,竟然有14个通过。虽然这个进步并不惊人,可是埃斯卡兰却看到自己推动的这项计划正在凝聚动势。

下一届的微积分班学生增加到18个人,他们成了《为人师表》电影的主角。在电影中,他们就像前两届的学生那样认真学习微积分,有些人每天早晨7点钟就到学校做功课,比真正上学的时间整整提前了90分钟。这些学生也常留在学校做功课,一直到下午五六点甚至七点钟。尽管教育考试中心(ETS)的官员怀疑他们第一次考试的有效性,让他们重考了一次,但第二次的通过率仍是100%。

这件事以后,参加埃斯卡兰数学课程的人数激增。1983年,通过微积分AP测验的学生几乎倍增,由18人增加到了31人。第二年,又增加了一倍,人数达到63人。这样一直持续成长下去,到1987年,有129个学生参加考试,其中得到大学学分的有85人。曾被人们视为"污水池"的东洛杉矶加菲尔德高中,在全美墨西哥裔的学生通过微积分AP测验的人数中占到了27%。

## 动势爆炸

加菲尔德高中的学生们都体会到了动势法则带来的好处。学校开始开设不同的班级以帮助学生们参加其他科目的AP测验。经过一段时间以后，加菲尔德高中每年开设正规的AP班，预备学生参加西班牙语、微积分、历史、欧洲历史、生物、物理、法语、政府学和计算机科学等科目的AP测验。

1987年，也就是埃斯卡兰开始他的计划之后的第九年，加菲尔德高中有超过325人次的学生参加了AP测验。更令人无法相信的是，该学区以外的居民纷纷申请越区来校就读，由于能容纳的学生人数有限，必须列入等候名单的外区学生竟然超过400人。这所曾在学区被视为最劣等的学校，一度几乎丧失教育局许可证的加菲尔德高中，如今已经成为全美城市学校中最优秀的三所高中之一。这就是"动势法则"所产生的威力。

将

## 动势法则

应用于你的生活

1.动势从领导者自身产生，又从他们那里传播出去。你曾经为你领导的组织创造出动势吗？你对实现目标充满激情吗？你一直都表现出自己的热忱吗？尽管不乐意，你会努力激励别人吗？你必须用自己的态度和职业道德为下属们树立良好榜样。这通常都需要被我称为个性领导的方法。

2.激励是创造动势的关键要素。要激发别人的第一步就是清除组织里所有让人失去动力的因素。首先要找到在你的职责范围内，是什么让人们失去了激情和热忱、你怎样才能消除这些因素，或者至少把它们降到最低呢？完成了这步后，你就可以采取下一步骤：找到那些可以激发人们斗志的具体要素，最后应用这些要素。

3.你应该庆祝别人取得的成就，这样才能促进组织里动势的发展。把表扬对公司做出贡献的人定为习惯做法。你不但需要不断赞赏下属付出的努力，更要奖励他们取得的成绩。你奖励得越频繁，就会有越多人努力取得成功。

# 17.优先次序法则

## 领导者明白，忙碌不一定等于成效

好的领导者毕生都恪守"优先次序法则"，不管他们所领导的是有数十亿美元资产的大集团，还是小公司、教会、球队，或是一组人。我认为优秀的领导者自然而然地应该知道他们一定要这么做。可是，并非每个领导者都会按照优先次序的规则做事。

为什么呢？我认为有以下几个原因：

第一，我们想当然地认为忙碌就意味着能取得成就。其实忙碌并不一定等于生产力，忙碌不一定等于成就。

第二，要安排优先次序需要领导者不断地超前思考，明白什么最重要，下一步应该做什么，以及每件事是如何和全局联系起来的。这项工作是相当艰难的。

第三，安排优先次序需要做一些让我们不舒服甚至非常痛苦的事。

### 该是重新安排优先次序的时候了

我就亲身体会过重新安排优先次序带来的痛苦。1996年，我住在我最喜欢的圣地亚哥市。这是全世界气候最好的美丽城市，在这里，你只需花费几分钟就可以到达海滨，几个小时就可以上山滑雪。这座城市有着浓厚的文化气息，当然也有职业球队和一些高级餐馆，而且一年到头都可以打高尔夫球。我怎么可能发疯想要离开这块美地乐土呢？我当然希望可以在那里度过余生，因为住在那里实在让人非常舒适。但是优秀的领导者不能只贪图个人舒适，你所做的每件事都要为组织带来发展。

由于要到处演讲又做顾问，我需要经常飞行。而住在圣地亚哥，使我每年花在从圣地亚哥飞往达拉斯、芝加哥和亚特兰大等航空枢纽的时间就多得惊人。因为我大部分的演讲和顾问工作都是在密西西比河以东，所以我必须要经常坐飞机到工作地点。

我心里清楚我不得不做出一些改变，因此我请秘书琳达精确计算一下我花费在这些旅途上的时间。统计的结果令我大吃一惊：上一年，我单单花在圣地亚哥与达拉斯之间转机的时间竟然高达27天。这个发现让我意识到需要坐下来重新评估我的优先事项了。

如果要坚持按照优先次序做事，我就不得不把公司和家迁往一个交通枢纽城市。作家史蒂芬·柯维曾说："领导者就是攀上最高树梢，仔细勘察全景，然后敢大声宣布'我们走错树林了'的那个人。"当问我下一步应该如何去做的时候，我心中的感受颇像柯维说的那样。

---

领导者就是攀上最高的树梢、仔细勘察全景，然后敢大声宣布说"我们走错树林了"的那个人。

——史蒂芬·柯维

---

在作了许多调查研究后，我们最终选择在亚特兰大落脚。由于它是一个主要的航空交通枢纽，从这里只要两个小时就能飞抵八成以上美国的主要城市。而且这个城市风景宜人，它为员工们提供了丰富的

文化、休闲以及娱乐场所。我知道追随我从加州搬到此处的同仁仍然可享受物美价廉的生活水平。搬迁几个公司绝对不是件容易的事，但它却十分必要。

如今，公司迁往亚特兰大已有10年了。你可能会问："这次搬迁取得了预想的效果了吗？"我的回答会非常肯定。亚特兰大是一个非常适合做生意的地方，与其他大城市相比，它的生活消费价格非常合理。而对我以及其他顾问们来说，最重要的是飞行变得容易许多。大部分时间我可以在一天之内飞行、演讲和回家。这样，我的工作效率迅速提高。你能想象每年从你的生活中拿回27天吗？在我搬去的10年里，我共拿回了270天。而大多数人一年正常的工作天数也只有250天。这就是说，在我最有效率的阶段里，我又多了额外的一年时间！而且没有什么比一天辛苦工作回家享受，而不是在宾馆度日更美好的事了。

## 三R法则

领导者不能把自己的思想局限在狭小的空间里。有时他们需要重新定义这个空间的大小——或者将它放大。经理人兼作家马克斯·德普雷说："领导者的首要责任就是定义现实。"这就需要"优先次序法则"。作为领导者，所有事情都是清楚地摆在你眼前的。

每年12月，我都要花两周时间重新评估我的优先事项。我首先回顾前一年的时间安排，然后再看看下一年的目标，评估我的家庭生活，认真思考我要取得的目标。我要考虑未来的远景以及需要做哪些事才能保证自己的生活方式与我的个人利益及优先事项相协调。

在这个过程中，帕累托原理（*Pareto Principle*）是我使用的指导原则之一。多年来我屡次在领导力研讨会上讲授这个原理，也特别在我著的《中层领导力：自我修行篇》（*Developing the Leader Within You*）一书中作了深入阐述。其重点是：在所有活动中，只要集中注意最重要的那20%，你就能获得你付出努力80%的回报。举例说，如果你有10个员工，你应该把80%的时间与注意力花在最出色的两位员工身上。如果你有100个顾客，那么前20名顾客会提供你全部生意的80%，所以你要把注意力集中在他们身上。如果你有10条待办事项，其中最重要的两条将带给你所花时间80%的效益。如果你尚未注意到这个现象，不妨试试看，就一定会看到它的普遍性。例如，有一年我就发现我必须把注意力完全集中在下属一个公司的重组上。

在评估优先事项时，我用的另一个指导原则就是三R法则。这当然不是指读书（Reading）、写作（Writing）和算术（Arithmetic）。我的三R法则是必要的分内事情（Requirement）、回报效益高的事情（Return）和回报大的事情（Reward）。任何卓有成效的领导者，都必须根据这三R法则来安排他们的优先事项。

**1.什么是你必须做的分内之事？**

工作中，我们每个人都应该向某个人或机构负责——例如向老板、董事局、股东或政府等。同时在生活中，我们也应该对一些重要的人负责，比如配偶、子女和父母。因此，你的优先次序表必须要以非得你亲自去做不可的事情为主。

我必须要做哪些别人不能或不会做的事呢？随着年纪变大，我发现这些事情也越来越少。如果我在做一些没有必要的事，我就会停下来。至于那些必须去做，但不见得非要我本人出面的事情，我会授权别人去做。

### 2.什么能带来最大的收益?

作为领导者，应该把大部分时间花在你最擅长的领域。马库斯·白金汉和唐纳德·克利夫顿在这个问题上作了广泛的研究，如果你想了解这方面的问题，可以读读他们的《现在，发现你的优势》这本书。如果所做的工作正是自己擅长的地方，人们就会更有效率而且更加满足。理想情况之下，领导者们应该走出那些他们感到舒适的领域，而去那些可以发挥他们优势的领域。

> 领导者们应该走出那些他们感到舒适的领域，而去那些可以发挥他们优势的领域。

它的实际作用到底是什么呢？这里可以用用我的"拇指规则"。如果有人可以做你手中的工作，而且能做到你八成的水平，那你就应该将它交给他们去做。如果别人可以承担你的某些责任，或有潜力达到这个标准，那么不妨培养他人来承担。你能做到的事不一定意味着你必须要亲自去做。记住，领导者应该懂得忙碌不一定等于成就。这就是"优先次序法则"。

### 3.什么能带来最大的回报?

最后一个问题牵涉到个人满足感。雷德蒙德领导力研究所的主席蒂姆·雷德蒙德说："许多东西会吸引我的眼球，但是只有少数几件能吸引我的心。"

> 许多东西会吸引我的眼球，但是只有少数几件能吸引我的心。
>
> ——蒂姆·雷德蒙德

人生如此短暂，你不能在一生中把所有喜欢的事都做一遍。我喜欢讲授领导艺术，喜欢写书、演讲，喜欢与妻子和儿孙一起共享天伦之乐，我也喜欢打高尔夫球。不管从事什么工作，我都会留出时间做这些喜爱的事，因为它们就像火焰一样点燃了我的生活，它们让我充满能量和激情。激情则为人们不断进步提供了燃料。

## 重新制定优先次序

几年前，在仔细检查重新制定优先次序过程的时候，我再次回顾了自己是如何安排时间的。时间退回到我写这本书第一版的时候，我就下定决心按照如下的分配比例来安排我的工作时间：

| 领域 | 时间分配 |
| --- | --- |
| 1.领导（Leadership） | 19% |
| 2.沟通（Communicating） | 38% |
| 3.创作（Creating） | 31% |
| 4.联络（Networking） | 12% |

对于这四个方面，我既饶有兴趣，也充满干劲。这几项工作对于公司的健康成长，是绝对必要的，而且它们都能使我所投入的时间，产生

最大效益。

但当我最近反思这几个方面的时候,我认识到自己没能保持应有的平衡。我在一家公司言传身教领导花费了太多时间,这让一些更优先的事务无法得到实践。我不得不再次承认忙碌不一定等于成就。我明白现在是作另一个艰难的商业决定的时候了:如果要继续发展,实现我的目标,我必须按照"优先次序法则"来办事。于是我决定出售这家公司。作这个决定非常困难,但对我而言,它是绝对正确的。

## 重新集中在世界范围

领导者有责任按照"优先次序法则"作困难的决定,尽管有时这些决定并不受别人的欢迎。1981年,杰克·韦尔奇成为通用电气公司的总裁兼首席执行官,那时通用电气已经是一家颇具规模的大公司了,拥有90年的历史、公司股价每股4美元、公司总值约120亿美元,而且是股票市场上第十一大的绩优公司。公司旗下经营的战略性业务多达350项。然而韦尔奇相信公司还能发展得更好。他用的是什么策略呢?其实就是实践"优先次序法则"。

他接管公司几个月后,就开始了著名的硬件革命,这次革命改变了公司的整体结构和重点。韦尔奇说:

> 对公司这几百桩业务及生产线,我们采用单一的评价法,那就是,它们能否占领全球市场的第一位或至少第二位。在公司所经营的348项业务中,凡是没办法达到前两名的,我们决定关闭一些,另外的全部脱手,这样拍卖后,我们

得到100亿美元。我们投资180亿美元给公司优选的事务中，并用170亿美元购入一些相关企业来强化这些事务。1989年，全公司精简到只剩14项世界级的事业部，以及少量的后援企业。这14项事业都拥有最坚强的实力，在90年代的全球市场中独占鳌头。

我知道韦尔奇在很多人眼里都不受欢迎，而且在2000年前后他的这种革命也广受批评。但是他的领导是适时有效的。他重新安排了通用电气公司的优先事务，他杰出的领导能力以及那种专注精神为公司赚取更多利润做出了巨大贡献。在他的任期内，通用电气公司已经有4次派股。而且在他退休的时候，每股市价已经高达80美元。根据《财富》杂志的统计，通用电气公司乃是全美最受人称羡的公司，而且还成为全世界最有价值的公司。通用电气能取得今天的成就，是因为韦尔奇擅长在领导中运用"优先次序法则"。他不认为忙碌就是成就。他知道，唯有你的手下专注于真正重要的事项时，才能取得真正的成功。

## 这个游戏的名字叫"优先次序"

仔细观察伟大领导者的生活，你可以看到他们随时都在运用"优先次序法则"：诺曼·施瓦茨科普夫将军每次发布新命令，他不仅靠自己的领导直觉，而且总是先详细考察部队的优先事务；探险家罗德·阿蒙森之所以能够成功地率领队伍抵达南极又平安归来，部分原因应该归功于他知道如何安排任务的优先次序。

成功的领导者都是按照"优先次序法则"生活的。他们知道繁忙的活动并不等于成就。最好的领导者似乎都擅长运用"优先次序法则"，他们能够利用好每一次活动，满足多项优先次序的要求。这样的能力使他们可以在减少活动次数的同时提升自己的专注力。

从伍登训练球员练球的方式就可以看出，他是多么擅长运用"优先次序法则"。伍登宣称，他所用的方法，是观察伟大的前圣母大学橄榄球队总教练弗兰克·莱希而学到的。伍登说："我经常去看莱希训练球队并观察他如何把训练时间分成几个时段。回家后，我就仔细分析他为何使用某种方式处理事情。当我自己是球员时，我知道我们在练球时常会浪费许多时间。莱希的做法使我确认了自己的一些想法，并逐渐帮助我发展成目前的训练方法。"

## 根据优先次序，每件事情都有其目的

在军队中服役的朋友告诉我，他们常常十万火急地赶去集合，然后在那儿无所事事地等待解散。在体育运动中也是这样，有些教练一会儿要球员们练得上气不接下气，一会儿又让其站在原地发呆。伍登的做法就不一样，他指挥安排练球的每一分钟，以他想要实现的目标预先计划好每一项活动。他使用了经济的练习方法。下面我将简单介绍伍登是如何训练球队的。

每年，伍登都依据对上赛季的观察，制定本赛季球队的优先训练重点。这些事项包括"建立多林格和艾戈维奇的自信心"，或者像"每周至少三次演练三对二连续性打法"。通常，在一个球季里，他都会列出十几个项目，这些项目是他期待球队计划当天练习项目的每一个细节。每天早晨，他都和一名助理仔细规划一天的练习。尽管练球时间也许不到两个小时，但他们通常都花费两个小时来拟定练习策略。他身边总是带着一些小卡片，随时记下观察所得。在训练之前，他已经用这些小卡片记录的数据规划好了每分钟的训练计划。伍登曾向人夸口说，如果你随便问他1963年的某一天下午3点钟，他的球队在做什么，他都可以准确地说出他们在训练什么项目。就像所有其他优秀教练一样，伍登为球队提前制订好了计划。

伍登随时都能保持专注，而他也总有办法让他的球员跟他同样专注。他有一种能够同时处理几项优先事项的特殊才能。譬如说，为了帮助球员练好他们常常觉得厌烦的罚球投篮动作，伍登趁着混合练球时就制定了罚球投篮方法，以鼓励球员们专注、力求进步而不只是在耗费时间。板凳球员越早完成规定的罚球数，就可以越早进场比赛。而且伍登不断改变对后卫、前锋以及中锋球员的进球数的要求。这样，每一位球员，不论其位置、资历如何，都能充分获得上场的经验，而这正是伍登在发展球队整体战斗力上最优先的要领。

伍登最令人敬佩的，而且也最能显示出他专注于优先事情能力的，就是他从来不挖对方球队的墙脚。他引导每个球员发挥最大潜力，通过练球以及与球员的个人互动来实现这个目标。他从来不把赢得冠军或击败其他球队定为最终目标。他渴望的是每位球员都能发挥潜力，而且他们总能以最佳状态进入比赛。当然，伍登所取得的成绩几乎没有人能想象。在40余年的执教生涯中，他只在执教的第一个赛季输过球。他所执教的UCLA篮球队创下4个赛季中没有输过一场球的纪录，并夺得十次NCAA总冠军。至今没有一支大学篮球队能望其项背。伍登绝对是一位伟大的教练，我相信他做任何运动的教练，都能同样出色。因为他每天都按照"优先次序法则"工作。我们也应该向他学习。

## 将 优先次序法则 应用于你的生活

1.真的准备好重新安排你的生活，从舒适区走出来，按照"优先次序法则"工作、生活了吗？你的生活中有没有一些事让你觉得已经到了必须要作一次重大改变的地步了呢？这些事是什么？描述一下这些事情为什么出现了问题。你能跳出思维局限（或者创造新的思维）解决这些问题并且重新制定你的优先次序事项吗？忽视优先事项中任何一个重大问题就好像高尔夫比赛中的击球不当：你把球击得越重，它就走得越远，你就越偏离自己的优先次序，最终实现目标的机会也就越小。

2.如果之前从来没有做过这些，花点时间写出"三R"问题的答案：

什么是我的分内之事？

什么给我最大的回报？

什么给我最大的奖赏？

切记：这些不只是指在你的工作中，同时也要包括家庭和其他责任。

回答这些问题后，把你正在做的与这"三R"不太符合的事情罗列出来。你需要把列出的这些事留给下属，或者干脆放弃。

3.成功人士都是按照"优先次序法则"办事的。成功的领导者领导组织、部门或团队按照"优先次序法则"工作。作为领导者，你负责安排优先次序了吗？你负责提前为组织制订计划了吗？你经常抽出时间重新审视组织的优先次序吗？如果还没有，你必须立刻完成这些事。身为领导者，仅仅自己取得成功远远不够，你需要帮助下属们也取得成功。

# 18. 舍得法则

## 领导者必须先"舍"后"得"

为什么会有人站出来领导他人呢？相信每位领导者的答案都不一样。有的为了生存，有的为了赚钱，我是为了开创一番事业并建立自己的组织，而有的人则是为了改变世界。有一个为了改变世界而领导他人的人，他就是马丁·路德·金博士。

### 伟大的种子

金博士的领导才能在他上大学的时候已经崭露头角。他一直都是优等生，高中时先是跳过九年级，然后又作为高二学生直接参加大学入学考试，并最终以优异成绩被亚特兰大的摩尔豪斯学院录取。18岁时，就获得了牧师执照，19岁就正式被任命为牧师并获得社会学学士学位。

金在宾夕法尼亚州的克洛泽神学院继续接受教育的时候，发生了两个重大事件。第一件是他听说了圣雄甘地的故事，甘地的精神激励了他，让他认真研究这位印度领袖。另一件是他开始成为同龄人中的领导者，他被选为四年级的学生会主席。然后，他又在波士顿大学攻读博士学位，在这期间他与克瑞塔·斯科特完婚。

## "舍"的种子

1954年，金接受了第一份牧职，成为亚拉巴马州蒙哥马利德克斯特大街浸信会教堂的一位牧师。第二年11月，他的第一个孩子出生，一家人过着幸福的生活。但好景不长，罗莎·帕克斯在公共汽车上拒绝给白人让座，因而被当地警员逮捕。当地的非裔美国人领袖为了抗议罗莎被捕及城市的隔离政策，发起了一场持续了一整天的联合抵制公交运动。在获得胜利后，他们决定组织成立"蒙哥马利市改进协会（MIA）"继续联合抵制。由于早已被黑人们视为领袖，金博士被选为这个新成立协会的主席。

第二年，为了让市政府取消隔离制度，金领导非裔美国人社区的领袖们继续进行罢乘运动。MIA不断与市政府领导人谈判，并提出三项要求：公交售票员礼貌对待非裔、所有乘客都遵守先来先坐的规定以及非裔有权被雇佣做公交司机。在进行罢乘的那段时间，社区领袖们组织了拼车以方便人们出行，在经济上集资赞助抵制活动，通过布道鼓舞、动员社区人民，而且还与美国有色人种协进会（NAACP）合作向法院起诉。最终，在1956年11月，美国联邦高等法院判决取消地方运输工具上的座位隔离。金博士和其他的领导人终于成功实现了目标，他们的世界开始改变。

"蒙哥马利罢乘运动"是美国民权运动史上的重要一步，人们清楚地看到这次运动取得的成果。但是金博士个人也付出了代价：罢乘运动开始后不久，金博士就因违反交通法而遭逮捕；曾经有人扔了一颗炸弹到他家的走廊；而且他还被指控"无正当合法理由"阴谋妨碍公务。金博士虽然被尊称为黑人运动的领袖，但他为此也付出了很多代价。

## 代价越来越高

金博士带领民权运动领导人们走得越高，走得越远，他付出的代价就越大。他的妻子克瑞塔·斯科特在回忆录《我与马丁·路德·金：共度一生》(*My Life with Martin Luther King, Jr.*)中提到："我们家的电话日夜响个不停，有人在电话中向我们劈头谩骂，而且威胁要我们的命，如果我们不赶快搬走的话，就要杀害我们全家。虽然在这一切危险当中，我们的新生活陷于混乱，但我仍然感受到无比的振奋，几乎可说是心灵的升华。"

金博士身为领袖成就了伟大的事业。他与几位在任、前任美国总统见面，发表慷慨激昂的演讲，而这些演讲被认为是美国历史上最精彩的演讲；他领导25万民众在华盛顿特区举行和平游行；他获得了诺贝尔和平奖，而且他还在改变整个国家。但是"舍得法则"要求领导者要成为伟大的领袖，就必须放弃更多。在那期间，金博士曾几度被捕入狱。他被人投掷石头，受棍棒打击，也遭受各种各样的身体伤害。他的房子被投掷炸弹，然而他的目标与影响力却与日俱增。虽然最终他牺牲了一切，但他心甘情愿。在孟菲斯遇刺的前一夜，在最后一次公开演讲中，他说：

> 我不晓得会有什么事情发生在我身上，我们前面的日子确实很艰难。但这一切对我来说都不重要了，因为主已经带我登上了山巅，我已经不在乎了。和每个人一样，我也希望活得长久，长寿是值得珍惜的，如今我一点也不担心了。我愿遵行上帝的旨意，他容许我登上高山，我也从山顶上看见那应许

之地。我不一定能够与你们同去，然而今晚我盼望你们都知道，我们作为一个民族，必定会去到那应许之地。因此今晚我心中极其快乐，不再惧怕任何人……我的眼睛已经看到主再来之时的荣耀。

第二天，他付出了自己的生命。

金博士带来的影响是深远的，他影响了千百万人，他以和平方式来抵抗一个想把他们排除在外的制度与社会。由于他的领导，美国变得比以前更好了。

## 牺牲是领导力的精髓

普通人对于领导力都有一种共同的错误观念，他们认为领导者就是高高在上、昂首傲慢、手握组织权力的那些人。今日有许多人想要登上领导的宝座，期待着有朝一日登上高位就能享有自由与权力。领导者在局外人看来可能是风光无限，但事实上领导者也需要做出牺牲。领导者必须懂得先"舍"后"得"。近年来，我们发现越来越多的领导者滥用职权，由于他们的贪婪和自私造成了组织丑闻。出色领导的精髓就是牺牲。

---
出色领导的精髓就是牺牲。

---

如果你渴望成为最杰出的领导者，那么为了取得成功，你必须愿意牺牲。而且，你还需要知道关于"舍得法则"的一些内涵。

**1.没有牺牲,就没有成功**

任何一位取得某种成功的人都为此做出过牺牲。很多人贡献了四年或者更长的时间,交了好几千元的学费上大学,以获得他们开始职业生涯所需要的技能;运动员为了赛出更高水平,在健身房、训练场上花了不可计数的时间训练;家长们为了能更好地培养孩子们,放弃了许多自由时间,牺牲了很多资源。哲学家、诗人爱默生说过:"你失去的一切,会从其他方面得到补偿。而你所得到的一切,也必须付出一些代价来换取。"生活就是一系列的交易,一物换一物。

领导者必须有所"舍"才能有所"得",不管何种行业这个法则都适用。与领导者座谈,你会发现他们做了多少牺牲。成功的领导者懂得牺牲各种次要的东西,以便更专心致力于那些主要的,这就是"舍得法则"的内涵。

**2.领导者更需要做出牺牲**

领导的精髓就是把别人放在自己前面优先考虑。这对整支团队最有用处。所以,我认为领导者必须放弃他们的权利,正如领导力演说家、牧师杰拉德·布鲁克斯所说:"当你成为领导者时,就失去了为自己打算的权利。"看起来,事实就是这样。

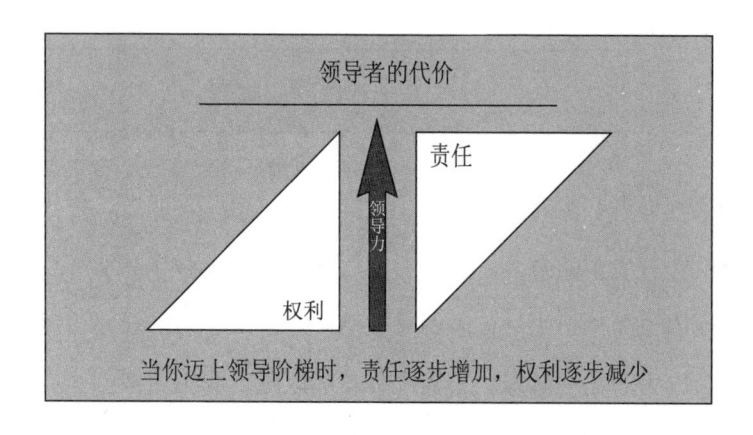

领导者的代价

当你迈上领导阶梯时,责任逐步增加,权利逐步减少

在没有责任的时候，可以做许多自己想做的事。一旦有了责任，你所能做的事就有了越来越多的限制。你承担的责任越多，你可选择的余地就越少。

数码公司总裁兼首席执行官罗伯特·帕莫在一次访谈中说："在我们公司的管理体制中，回旋余地非常小。如果你想担任管理阶层的职务，就必须承担责任并受组织的制约。"他的这番话说明了领导者要付出的代价。领导者必须比常人更愿意有所"舍"。

每个人所作的牺牲各有不同。每位领导者都放弃了很多机遇，有人舍弃了自己的兴趣爱好；有人放弃了许多个人时间；还有一些人，比如金博士就牺牲了自己的生命。情境可能因人而异，但原则始终如一：领导就意味着牺牲。

### 3.为了留在高位，你必须要不断地"舍"

大部分人在领导者初期，就体会到领导者要取得进步就必须有所牺牲。为了打出知名度，他们要从事不喜欢的行业；为了接受更好的职位，他们要举家搬迁到一个不怎么合意的城市；为了取得更大的进步，他们要暂时减薪。当领导者认为他们可以停止做出牺牲的时候，问题就会出现。领导被要求的牺牲是一种持续的过程，并非一次性付出。

---
牺牲是一种持续的过程，并非一次性付出。

---

如果领导者必须有所"舍"，才能有所"得"，那么，你想继续留在高位就得有更多的舍弃。你是否想过为什么很少有球队能够连续两届夺魁？原因很简单：当一位教练带领球队进入决赛并已经赢得冠军后，他常常会以为照葫芦画瓢，不需要作什么改进，明年照样能拿冠军。因

此，在赛季休息期，他常常不愿作额外的牺牲。然而，球队取得冠军所付出的代价与它要蝉联冠军所付出的代价是不同的，他们必须舍弃更多才能保持在原来的位置。成功的领导需要不断地改变、进步与牺牲。

> 如果领导者必须有所"舍"，才能有所"得"。那么你想继续留在高位就得有更多的舍弃。

回顾我的职业生涯，我发现每次要向前进的时候，都要付出一些代价。而每次换工作时（只有一次例外）在收入上都要有所牺牲。接受第一个牧职时，家庭收入反而减少，那时我的薪水不多，而玛格丽特又得放下她的教师工作陪我一起赴职。当我在印第安纳州马里昂接受总部助理的工作时，薪资水平也大大低于之前。第三个牧职面谈后，我决定接受主任牧师聘书，但压根不知道他们要付给我多少薪水。上任后我才发现比原先的薪水还要低。后来有些董事大感惊讶，我告诉他们，只要我有好的工作表现，薪水自然会有相应的调整。1995年，在教会工作26年之后，我终于辞去牧职开始全职讲授领导力课程。那时候我放弃了一半的收入来源。任何时候，只要知道自己所踏出的这一步是正确的，哪怕要作些牺牲也绝不要犹豫。

### 4.地位越高，舍弃越多

参加过拍卖会的人都知道，拍卖过程非常刺激。当一件拍卖品展示出来时，房间里的每个人都十分激动。开始竞拍后，许多人都站起来喊价。但是随着价码越来越高，竞拍者就越来越少。价码低的时候，每个人都会竞拍，最终，只有一个人愿意出高价拍得物品。这在领导方面也是一样：你爬得越高，你就要牺牲越多。这和你从事的职业没有关系。你需要做出牺牲，必须有所"舍"，才能有所"得"。

领导者的最高职位是什么呢？在美国，总统就是最高职位。有些人说美国总统是世界上最有权力的领袖，他的一言一行对人们的影响胜过世界上任何人，其影响力不仅限于美国，更遍及全世界。

想想看，为了选上总统需要付出何等大的代价。首先，这个人必须学会领导别人。接着，他们通常要付出几年甚至几十年的时间担任较低的领导职务。比如，尤利西斯·格兰特和德怀特·艾森豪威尔在被选为总统之前一直在军队服役。他们熬过这一阶段，然后决定竞选美国总统。这时他们之前生活的每一个方面都像被放在显微镜下，被公布于众。没有什么事是被禁止讨论的，他们根本没有个人隐私可言。

当选总统后，他们的时间不再属于自己。他们随时被人评头论足，做出的每个决定都受到质疑，他的家庭同样承受很大的压力，而他所作的一些决定更能叫成千上万人丧失生命，甚至在卸任后，他的余生还必须生活在特勤人员的保护下，以免遭到意外的侵犯。这种代价是大多数人不愿意承担的。

## 站在别人的肩膀上

没有牺牲就没有成功。每次看到一些成功人士，你可以肯定地知道他们的成功是做出了牺牲才取得的。身为领导者，如果你做出了牺牲，即使不能亲眼目睹成功，但未来的人一定可以受益于你之前的付出。

马丁·路德·金博士就是如此，他没有亲眼看到自己的牺牲为他人带来好处就被暗杀了，但很多人还是目睹了这一切。其中之一就是1954

年生于保留隔离政策的亚拉巴马州伯明翰市的一个非裔美国女孩。她是一个早熟的孩子，从小就关心民权运动。有一位邻居回忆说："她是一个对政治感兴趣的孩子，她曾请我给她讲讲诸如这样的事情——'你知道布尔·康诺尔（种族主义市政专员）今天都做什么了吗？'那时她还是一个小女孩，但她总是这样做。我必须把报纸彻底地读一遍，因为我不知道她会跟我讨论什么。"

尽管对时事有着浓厚的兴趣，但她对音乐更有激情。或许她对音乐的兴趣是与生俱来的，因为她的母亲和祖母都很擅长弹钢琴。祖母在她3岁的时候就教她弹琴，而她也被人们称为"钢琴小神童"。音乐一直陪伴着她的成长岁月，甚至连她的名字也是因音乐的启发而得来的。在取康多莉扎这个名字时，她的父母借鉴了意大利语Condolcezza，在音乐术语中，这个词的意思是指弹奏者"要弹得甜美"。

康多莉扎·赖斯的祖父小约翰·威斯利·赖斯虽然是奴隶的儿子，但却下决心要接受教育。据赖斯所说，她的祖父"通过节省棉花来换得学费"，到亚拉巴马州塔斯卡卢萨的斯蒂尔曼学院读大学。毕业之后，他获得了长老会牧师的头衔。这对20世纪20年代南方的黑人来说已经是一个不小的成就了。他也因此为整个家庭树立了榜样，家庭成员都决心要成为他们所从事行业中的佼佼者。

赖斯的父亲也叫约翰，祖父把对接受教育的渴望传给了儿子，然后他的儿子又再传给康多莉扎。赖斯母亲这边的家庭也同样勤奋刻苦，重视教育。斯坦福大学教授、赖斯好友科伊特·布莱克说："在我认识的美国家庭中，很少听人说，他们的父母受过大学教育，他们的祖父母也受过大学教育，而且他们所有的堂兄妹和叔叔阿姨都受过大学教育。"

## 为成为最优秀而做出牺牲

赖斯在学校和家庭都接受了良好的教育,她广泛地阅读书籍,学习法语和芭蕾。赖斯的父亲除了当牧师之外,还兼职做一所高中的辅导员和橄榄球教练。父亲把橄榄球和篮球的知识都教给了赖斯。有好几个夏天,赖斯父母在丹佛大学上研究生课程,而她就练习花样滑冰。但她的热情始终放在音乐上面,所以当别的孩子出去玩的时候,她就在家学习,练习钢琴。

她每天的计划非常严格。在她13岁举家搬到丹佛之后,她更加刻苦地学习,也做出了更多的牺牲。赖斯非常有自制力,为了在花样滑冰和钢琴比赛中获得好成绩,她每天早上4点30分就起床练习。她的一位老师说:"在她的内心深处,她知道自己想要什么并愿为此做出牺牲。我想在她心中,那些并不是牺牲,而是为了实现目标必须做的事情。"而且她的父母也完全支持她,他们也愿意为赖斯的成功做出牺牲。为了帮助她实现成为钢琴家的梦想,他们贷款13 000美元(在1969年的时候)给她买了一架二手的斯坦威钢琴。

赖斯很早就从高中毕业,考上了丹佛大学,一心想攻读音乐学位并成为专业的钢琴演奏家。而这也是她愿意付出一生想要做的事情。但在大学二年级参加了阿斯本音乐节之后,她的梦想破碎了。无论再怎么努力,她也不能成为顶级的钢琴家。她说:"我碰到了一个11岁的小孩,他只看一眼琴谱就能演奏我要练一年才能弹好的曲子,我想我可能只能在酒吧或诺德斯特姆百货商场演奏,但不可能有在卡内基大厅里演奏的那一天了。"

## 为"得",须"舍"

赖斯意识到如果要发挥自己的个人潜力,肯定不能在音乐上。因此她做了很少有人愿意做出的牺牲——放弃演奏专业。此前一直致力于成为一名音乐人,但是现在她要找一个新的方向。于是,赖斯开始寻找新的领域。

最终她发现了新的领域——国际政治。就像被磁铁吸引一样,她深深地迷上了俄罗斯文化和苏联政治。在接下来的两年里,她沉浸于相关的课程中,广泛阅读课外读物,学习俄语。赖斯终于找到了属于自己的位置,而且愿意为了达到更高的水平而付出更大的努力。在取得学士学位后,她又在圣母大学获得了硕士学位。接着,赖斯回到丹佛大学,并在26岁的时候获得博士学位。然后她又申请到了斯坦福大学的博士后。之后,她成为了斯坦福大学的一名教师。

如果故事后来的发展是这样:她发表了一些文章,然后出版了一两本专著,获得了终身教职,最终在学术圈过着舒适的生活。很多人都不会感到惊奇。但赖斯却不是这样,她的确在斯坦福闯出了名堂,也很享受那里的环境和学术气氛。赖斯是一位很有天赋的教师,她发现教学和辅导学生都能得到很高的回报,她甚至还成为学校体育球队的铁杆球迷。随着名气越来越大,赖斯获得的各种奖励也越来越多。她被派到五角大楼参谋长联席会议委员会担任了一年顾问,她称这份工作是接受现实的检验——现实对她所教所写内容的检验。没过多久,她便晋升为副教授。赖斯传记的作者安东尼娅·菲利克斯写道:

赖斯在对苏联的研究和教学中找到了自己的激情，对她来说，斯坦福大学的生活在多种意义上都是丰富的。她上课，指导，研究，写作，弹琴，锻炼，约会，在电视前连续看12小时。

赖斯过着一种非常理想化的生活，她不但可以充分施展自己的才能、拥有广泛的影响力，还帮助塑造下一代领导者和思想家。直到1989年，白宫邀请她担任国家安全委员会苏联和东欧事务主任。就这样，她离开了斯坦福，现在看来这是个伟大的决定。赖斯成为老布什在冷战后前苏联国家事务的首席政策顾问。后来她还帮助制定了德国统一政策，这些成绩使她成为世界上此类问题的专家之一。

在华盛顿工作两年后，赖斯回到斯坦福。"这不是个容易的决定，"她说，"我感到如果离开学术界两年以上，就会与其失去联系……但我认为我首先是一个学者。这意味着你要在学术生涯中保持连续性和完整性。"

回到斯坦福后，她赢得了更多的荣誉。两年后，在她38岁的时候就被擢升为正教授；1个月之后，学校还邀请她担任教务长，如果赖斯接受这个职位，她就是担任这一职务的第一位黑人，同时也是第一位女性和最年轻的一位，这比历届教务长上任时都年轻20多岁。教务长不仅是学校的首席学术负责人，而且要负责学校15亿美元的预算。不过赖斯首先要解决的是2000万美元的预算赤字，这就意味着今后的工作日程极其繁忙而且还要牺牲自己的私生活，但她接受了挑战。结果是，她成功地做到了这些，她不仅消灭了赤字而且还有1450万美元的资金节余，而这期间，赖斯仍然作为政治学教授给学生们上课。

## 到达巅峰

作为世界上最出名大学里的第二号实权人物，赖斯算是取得成功了，而且也证明了自己作为领导者的能力。此外，她成为许多企业董事会的成员，而且有很多机会成为美国任意一所大学的校长。所以一些人可能在她辞去教务长职务转而为得克萨斯州长乔治·布什讲授外交政策的时候，感到很惊讶。其实这是她愿意做出的一种牺牲，而这个牺牲让她成为国家安全事务助理，直至美国国务卿。

当初的牺牲使她获得了前所未有的影响力。在完成任期之后，她可能会带着巨大的荣誉回到校园教书——世界上没有一所大学不想邀请她在本校教授政治学；她可能会成为任何一所顶尖大学的校长；她可能会竞选参议员，甚至美国总统。她一直愿意为了所得而做出牺牲，而且我绝对相信未来她也会为了进步而做出任何牺牲。领导者懂得并且使用"舍得法则"的时候，才会像赖斯这样做出牺牲。

将

# 舍得法则

应用于你的生活

1.为了成为一位更有影响力的领导者，你愿意做出牺牲吗？你愿意为了你所领导的人而放弃你的权利吗？仔细考虑一下。然后列出两个清单：一个写上为了有所"得"，你愿意"舍"的事情；另一个写上你不愿意为了进步而舍弃的事情。要考虑哪张清单上要包括健康、婚姻、父子关系、经济等要素。

2.要实践"舍得法则"通常意味着为了获得更有价值的东西，要愿意舍弃自己已有的东西。就像金博士为了他人的自由而牺牲了自己的个人自由；赖斯为了获得全球的影响力而放弃了在斯坦福大学的威望和影响力。为了能作这些牺牲，你必须有一些东西可以作为交易的筹码。你要付出什么呢？现在你愿意放弃自己的时间、精力和资源来获得哪些可以给你带来更大个人价值的东西吗？

3.领导者最不能有的是被我称为"目的地病"的思想——他们认为只要牺牲一时，就能一劳永逸地到达"目的地"了。如果怀有这种想法，领导者就不会再做牺牲，那么他也就不会再有所提升了。

写下在哪些领域你可能会产生这种想法。然后分别找到克服这种想法的矫正方法，以不断取得进步。举例说，如果你认为毕业后，就可以停止学习了，你就需要写上："我每年都要认真学习，并在某一重要领域取得进步。"

# 19.时机法则

## 掌握时机与善用策略同样重要

新奥尔良是一座与众不同的城市，就像意大利的威尼斯，它被水包围，市北紧邻旁恰特雷恩湖，磅礴的密西西比河从南边流过，东西两面都是低洼的沼泽地。整个城市水道纵横，如果要开车进出新奥尔良，必须要过其中一个主要大桥。这些似乎都没什么要紧的，但是要知道这个城市大部分地区都低于海平面。新奥尔良的地形就像一只碗，城市的平均海拔只有6英尺，最高的地方海拔也只有9英尺。而且新奥尔良市每年都在往下陷，几十年来居民们一直都担心可能会有一场强大的飓风摧毁整座城市。

### 地平线上的灾难

2005年8月24日，新奥尔良人不会想到最新形成的热带风暴卡特里娜会变成人们一直担心某天要到来的超级飓风。美国国家飓风研究中心直到星期五才预测这个热带风暴周一会在新奥尔良东南60英里的路易斯安那州柏拉斯登陆。第二天早晨，也就是8月27日星期六，新奥尔良市附近的许多教区的领袖们都命令教民撤离，这些教区包括：圣·查尔斯和佩雷克麦恩郡，杰斐逊郡的部分，甚至包括新奥尔良北部地势较高的圣·坦慕尼。

那么新奥尔良市呢？为什么雷·纳金市长作为城市的领导者没有同时下达强制令要求撤离呢？大多数人说，新奥尔良人都是宿命论者，他们不想走就不会走；还有些人说纳金在当选市长前是一位商人，他担心撤离的法律和财政问题。我认为，他和其他政府官员不懂得"时机法则"，不懂得掌握时机与善用策略同样重要。

转移新奥尔良市民的最佳时间应该就是在教区领袖宣布强制撤离的同时。但纳金一直在等待，直到周六晚上，他才最终宣布自愿撤离的通告。国家飓风研究中心主任马克斯·梅菲尔德周六晚上打电话给纳金之后，他才变得异常担心故而宣布了上述通告。有报道说纳金在接到电话后说："马克斯的话吓坏我了。"

## 努力太少，时间太晚

第二天早晨9点钟，纳金终于下达了强制性撤离命令，这时离飓风登陆不到24小时。这对大多数新奥尔良居民来说已经太晚了，那么他是如何计划帮助那些没能及时撤出的人们呢？他建议他们都躲到城市最后的避难所——"超级穹顶"体育馆里面。但是他并没有为灾民准备充足的必需品。纳金在记者招待会上说：

> 如果不能离开城市，你们就到"超级穹顶"里面去，并预备能维持3-5天的食物及不易腐烂的其他必备品。可以带上毯子、枕头，但是禁止携带武器、酒和毒品。你知道，这就像州长说你们要去郊游一样。如果你不知道怎么办，那么带上足

够让你睡觉并感到舒适的东西就可以了。这里的环境不会是最好的，但至少可以保证你们的安全。

纳金的领导能力在全国媒体对卡特里娜飓风的报道及灾难性的后果面前显得苍白无力。洪水在周一早上9点开始涌入城市，住在"超级穹顶"里的人们生活环境极其恶劣。另外一些没能撤离的人们都跑到会议中心里，还有许多人被困在自己家的屋顶上。纳金的反应如何呢？他竟然只在记者会上不断向记者抱怨。

## 另一次机会

许多人开始期待联邦政府的领导者，然而他们同样违背了"时机法则"。就在这时，被困在新奥尔良市的人们都在等待救援。9月1日星期四，红十字会请求为困在城里的人们提供水、食物和其他日用品，但是路易斯安那州国土安全局的官员却拒绝了他们的要求，要求他们再等一天。最后，9月4日星期天，也就是新奥尔良受灾6天后，人们从"超级穹顶"的撤离才最终完成。

领导者们在面对卡特里娜飓风时表现出的正是领导者没能把握正确时机最糟糕的情况。各级官员应对危机的措施都很不妥当。市长的组织工作甚至不如当地的动物避难所做得好——在卡特里娜飓风袭来的前两天，工作人员把成百上千的动物运送到了得州的休斯敦。最终飓风共造成超过1836人死亡，其中1577人来自路易斯安那，这其中又有80%来自奥尔良和圣·伯纳德。这些人中绝大多数都来自新奥尔良市。如果领导者不仅思考如何去做，而且注意把握最佳时机的话，就可以挽救更多的生命。

## 时机决定一切

优秀的领导者都清楚，掌握领导的时机与掌握领导的方法和方向同样重要。

时机通常决定成功与否。领导者采取行动的结果不外乎以下四种。

**1.在错误的时机采取错误的行动，结果是酿成灾难**

一位领导者如果错估了时机，又采取了错误的行动，必定导致负面结果。在卡特里娜逼近新奥尔良的时候就是这样。纳金低下的领导力让他总是在错误的时机采取错误的行动。首先他没有及时下达强制撤离令，而是一味等待。当他发传真给当地教会请求他们帮助撤离群众，却为时已晚，收传真的人早就已经撤离了；其次他还选择了一个错误的最后避难所，他忽视了需要为避难者提供适当的物品，而且没能为要躲到那里的人们提供充足的交通工具。

接连不断的错误最终导致了灾难的产生。

显然，不是所有领导者的决定都像纳金市长这样会有导致灾难的风险。但是对于各种情形，领导者都需要把握"时机法则"。如果在错误的时机采取了错误的行动，对下属以及你的领导来说都会酿成灾难。

**2.在错误的时机采取正确的行动，结果是抵制**

要成为一位优秀的领导者，仅仅有组织、团队发展的目标以及实现目标的步骤是不够的。如果在错误的时机采取正确的行动，你可能还是不能取得成功，因为下属们会抵制你的领导。

良好的领导时机需要很多条件。

- 认识——领导者必须对局势有清楚的认识
- 成熟——领导者的动机不正确，也就不会有良好的时机
- 信心——人们往往追随心里有谱的领导者
- 果断——优柔寡断的领导者培养出优柔寡断的下属
- 经验——如果领导者毫无经验，那么他们需要从其他有经验的人那里汲取经验
- 直觉——时机通常是由一些抽象的东西决定的，比如动势和士气
- 准备——如果条件不合适，领导者必须创造条件

我自己曾有过惨痛的教训。20世纪80年代，我尝试在所管理的天空线教会开始小组化建设。这本是一件正确的事情，却以惨败收场。什么原因呢？时机错了，那个时候在这个领域并没有很多经验丰富的领导者，所以我们只能走一步是一步。但更重要的是，教会自身也没有准备好这项新的建设，我们没有意识到小组化建设的成功与否是由培养的小组长人数决定的。

在接下来几年里，我们尝试把这个系统投入运行，但最终都失败了。直到六年后，我们终于停止了原来的系统，培养了领导者，重新开始之后再度推动小组化建设，而这次非常成功。

> 领导者如果一再表现出他缺乏良好的判断力,哪怕犯的不过是些小错误,人们还是会觉得,如果继续接受这个人的领导,那才是真正的错误。

### 3.在正确的时机采取错误的行动,结果还是犯错

人们总认为企业家自然应该有时机意识。他们的直觉知道什么时候该采取行动。但有时在一些重要关头,他们可能会采取错误的行动。我的哥哥拉里是位出色的商人,在商业领域,他教会了我很多东西。拉里说企业家或其他从事商业的人犯的最大错误就是不知道在什么时候应该减少损失,什么时候应该增加投资。产生这样的错误归根到底就是因为他们在正确的时机采取了错误的行动。

在这方面,我也有过一次教训。由于同事们都知道我擅长沟通,有好几年,他们都试着说服我把精力投入到广播节目里。很长一段时间里,我都一直抵制这个建议。但到了20世纪90年代中期,我发觉人们对以成长为导向的节目很有需求。因此我们制作了一个名叫《今日成长》的广播节目。然而问题在于节目的模式。我希望通过把资料出售给听众来维持开销,而不是像别的商业节目一样,靠拉赞助维持。结果我们发现这是一项错误的决定,这一类的节目根本无法以这种方式达到收支平衡。我们选对了时机,但想法和行动却错了。"时机法则"再次发挥了作用。

### 4.在正确的时机采取正确的行动,结果就是成功

当正确的领导者配上正确的时机,令人振奋的结果必会产生。如果一个组织既实现了目标、收获了利润又获得了动势,那么成功就是必然

的。回顾任何组织的历史，你都会发现，适当的领导者在正确的时机采取正确的行动是多么重要。温斯顿·丘吉尔正是依靠运用"时机法则"而成为了伟大的领袖，他的事例生动地说明了领导者在正确的时机采取正确的行动可能带来的影响，以及在此过程中自身经历的满足感。他说："每个人的生命中都会有那特别的一刻，在这一刻他要破茧而出。如果能掌握这特别的时机，他就能完成一生的使命，这使命乃是造物主单单为他而设的。在这样的时刻，他尝到了伟大的滋味，而这也是他一生中最美的巅峰时刻。"任何一位领导者都渴望经历这一美妙时刻。

---

当正确的领导者遇上正确的时机，就会产生令人振奋的结果。

---

## 战争中的时机法则

只要回顾一些历史上的战役，我们就可以清楚地看到时机扮演了关键角色。葛底斯堡战役就是一个很好的实例。

1863年6月底，当南方邦联政府的李将军带领北弗吉尼亚军队进入宾夕法尼亚州时，他的行动有三个目标：（1）迫使联邦军队撤出弗吉尼亚；（2）运用宾夕法尼亚的资源使他的军队得到补给；（3）将战争引向敌人的心脏地带，希望借此决定胜负。这正是南北战争的第三年，联邦军和邦联军对彼此间的冲突渐生厌倦。李将军希望通过这场战役结束这些冲突。在这场战役前几天，李将军告诉特林波说：

我们的部队士气良好，也不过分疲乏，能够在24小时内进入任何战斗地点。我还没接到任何军队已经渡过波托马克河的消息，现正等候斯图尔特将军给我进一步的消息。当敌人听到我们军队的所在位置后，他们势必紧急行军……他们出现的时候……必定因为饥饿与长途行军而混乱涣散，部队会拉成一条长线，士气低迷地进入宾夕法尼亚州。这时，我方将集结重兵迎头痛击，并且乘胜追赶，叫他们兵败如山倒。在他们喘息再集结之前，以连番的突击和埋伏，造成他们的溃散惶恐，使其全军覆灭。

李将军尝试创造并试图把握机会以取得决定性胜利。但直到7月1日早晨他才接到最新情报说北方联邦军已经奔向北方，而且其中有部分的北军已经开始与邦联军队交战。这破坏了他的最佳时机。这时，李将军的本能反应就是暂时观望，在与敌军主力交战前，先等候己方军力的充分集结。李将军明白时机的重要性，他发现了己方军队有一个制胜的良机：当他从附近一条山脊上审视战场时，看到联邦军吃了败仗而且往后撤退。因而他仍然有机会采取行动赢得胜利。

邦联军有机会抢夺坟场山的高地，因为驻守这里的只有一些联邦军步兵预备队和炮兵。李将军分析，一旦他攻占坟场山高地，邦联军队就能掌握整个地区，这可能是邦联军队赢得战役并进而结束南北战争的一大关键。

负责攻占高地的是尤厄尔将军。当时天色还早，如果发起有效攻击的话，他可能已经占领了高地。但尤厄尔却没有审时度势发起行动，而只是按兵不动。良机就这样从他手中溜走了，邦联军最终没能占领坟场山。因为到了第二天清晨，联邦军队已经增援驻守坟场山，南军失去了获胜的机会。双方军队又继续激战了两天，结果李将军的军队被击溃，他原来76 300人的兵力死伤了33 000人。结果只好撤军，退回弗吉尼亚州。

## 坐失良机

在南军溃败之时，李将军担心米德将军统率的联军会对他们全力追袭，致使南军全面溃败。林肯总统接到联邦军队葛底斯堡大捷消息的时候，也期望北军乘胜追击。林肯急于把握这次得胜的良机，因此于1863年7月7日特地从华盛顿特区通过哈雷克将军传达一封亲笔函给米德将军。哈雷克叙述信中的内容如下：

> 我从总统那儿得到一封亲笔函，其内容如下："欣闻维克斯堡已经于7月4日向格兰特将军投降的消息。现在，如果米德将军能够彻底乘胜追击，将李将军的南军主力歼灭，我相信南方政府必将迅速瓦解。"

林肯总统看到机会来了，可以一举结束南北战争。然而就像南军没能把握制胜的良机那样，这次北军也错失了大好机会。米德在葛底斯堡得胜后，竟然拿出时间清理战场，并没有乘胜追击李将军的军队。他很满意把邦联军赶跑，还宣告自己所制定的目标仅是"将入侵敌人的残余势力从我们的版图中完全肃清"。林肯总统的反应是一声叹息："我的天呀，难道只限于这一点点吗？"林肯知道北方能够迅速结束战争的时机已经从指缝间跑掉了。

他的判断是正确的，残余的南军主力安全地渡过波托马克河，避免了全军覆灭的命运，战争也因此又拖了将近两年。这期间伤亡的军队多了好几万人。林肯后来评论米德将军的表现就像"老太婆喘气赶鸭子过河一般"。双方的领导者都知道如何才能取得胜利，但是他们却没有在关键时刻彻底执行正确的使命。

　　了解情况并知道行动步骤并不足以使你的领导获得成功。如果想让组织、部门或团队向前发展，你必须要时刻注意把握好时机。唯有在正确的时机正确地行动，才能带来成功。否则，我们只好付出更高的代价。因此，所有领导者都必须掌握"时机法则"。

将

# 时机法则

应用于你的生活

1.有人说领导者采取正确的行动，管理人员才能把事情做好。"时机法则"则要求领导者做更多：他们要在正确的时机采取正确的行动。在你的领导方法中，时机扮演的作用重要吗？你会不会觉得恰当的时机和正确的行动一样重要？回想一下你最近的主要活动，看看你把多少注意力集中在时机上。

2.花点时间分析组织、部门或团队失败的行动，确定到底是错误的行动还是错误的时机导致了失败（这些行动可以是你采取的，也可以是别人采取的）。然后回答以下问题：

- 行动的目标是什么？
- 谁应该负责领导这一行动？
- 在规划策略时，有哪些因素被考虑在内？
- 是汲取了谁的经验做出该策略的？
- 在开始行动的时候，组织的情况和士气如何？
- 市场、行业的状况如何？
- 有哪种可用的力量被运用到这一行动中来？
- 有哪些明显的不利因素？
- 如果行动开始得早一点或晚一点，会取得更大的成功吗？
- 为什么行动最终会失败？

3.在规划未来时,运用本章中列举的因素来为行动的时机作准备。

・认识:你对局势有清楚的认识吗?

・成熟:你的动机正确吗?

・信心:你对自己采取的行动有信心吗?

・果断:你能自信地采取行动并赢得别人的信任吗?

・经验:你是否已从别处汲取了经验教训并对拟定的策略进行了检验?

・直觉:你有没有把一些抽象的事物考虑在内,比如动势和士气?

・准备:你完成了所有团队成功所要求的工作了吗?

记住,只有在正确的时机采取正确的行动才能为你的团队、部门或组织带来成功。

# 20.爆炸性倍增法则

**培养追随者，得到相加的效果**
**培养领导者，得到倍增的效果**

我对于领导力的看法并不是一开始就像现在这样。在职业生涯中，我对领导力的理念和培养领导者的激情都在不断发展。在职业生涯初期，我相信个人发展是产生影响力的关键。在成长过程中，父亲对于我的发展采取了非常有策略的教育方法。他送给我对我成长有帮助的书籍，在我只有十几岁的时候，就带我参加各种研讨会。现在看来，这些经历为我以后的发展打下了良好的基础。工作之后，我学会了"过程法则"，这让我得以采取积极的行动取得个人发展。

所以，当别人请求我帮助他们取得更多进步的时候，我主要教他们如何实现个人发展。但是，到40岁的时候我开始明白"核心圈法则"以及发展一支团队的重要性。也就是这时，我带领组织发展并实现更伟大目标的能力又上了一个新台阶。然而，我的领导能力有了真正的腾飞却是在我开始集中精力培养领导者之后。因为我发现了"爆炸性倍增法则"：培养追随者，得到相加的效果；培养领导者，得到倍增的效果。

## 帮助别人领导

1990年，我和妻子玛格丽特到南美某国参加一个全国性的研讨会，讲授领导学。我人生最大的乐趣之一就是为那些有一定影响力并渴望取得成功的人士讲授领导艺术。我非常期待这次会议，因为这又是一次可以为我日常影响范围外的人们提高价值的机会。但事情并没有像我期待的那样发展。

刚开始一切都很顺利，那里的人们很友好，尽管有语言和文化障碍，我还是可以跟他们沟通。不久，我就发现和这些与会者们想法有出入。当我开始讲授领导艺术的时候，我的演讲内容和他们的想法总不能联系在一起，而且他们根本不愿参与互动。尽管我试着与他们沟通，但似乎并没有什么作用。

第一节课后我与他们的谈话证实了自己的判断。在与他们聊天的时候，他们都不想谈论领导力方面的问题，也不提有关如何发展组织或实现目标之类的问题。他们只是向我寻求如何解决个人问题及与他人冲突的建议，我当时感到自己好像又回到刚开始这份工作的时候——私人顾问。接下来的三天里，我越发沮丧，这里的人们不懂得领导，他们也没有学习这方面知识的渴望。这对我这个坚信领导决定成败的人来说，简直就是噩梦！

这已经不是我第一次有这种不快的经历。我发现每次到发展中国家的时候，情况都是这样。我想在这些没有良好的商业基础设施及公民没有充分自由的国家，领导者要发展非常困难。

在返程飞机上，我向玛格丽特倾吐了所有的不快。最后我总结说：

"我再也不想做这种事了。千里迢迢赶来只是为了向他们提供在鸡毛蒜皮的小事上的建议。如果他们能把注意力转移到成为领导者上,这将会改变他们的一生。"

玛格丽特耐心倾听后说:"也许你就是应该做这些事的人。"

## 下一步

玛格丽特的话激发了我内心的冲动。接下来的几年里,我一直都在考虑这个问题及可能的解决方案。

最后在1996年,我做了一件事。在一群领导者的帮助下,我创建了一个致力于培养政府、教育和宗教界领导者的非营利组织。这个致力于帮助人们提高素质的组织就是EQUIP公司。

接下来的五年,EQUIP在实现这一目标方面取得了一定的发展。但是在2001年"9·11"事件后的几个月内,我们经历了一个困难时期,不得不解雇半数的员工。但是我们把这段时间看作重新制定优先次序的机会。我们将注意力集中于一个宏伟的新目标:到2008年EQUIP在全球范围培养100万名领导者。这个目标似乎不可能达成,这么小的一个非营利组织怎么能完成这一壮举呢?如果要实现这个目标就一定要通过使用"爆炸性倍增法则"!

## 战略

EQUIP的战略被称为"百万领袖使命",目标是在全球培训40 000名领导者。这些领导者在三年内每半年就近参加一次培训会议。而他们只需要承诺在自己的城市、镇、村培训25个领导者即可。EQUIP将为这40 000名领导者提供培训资料,同时它还为这些领导者培训的25名领导者提供资料。

EQUIP聘请了一批优秀的领导者,他们和世界各国的组织、公司都结成战略联盟,该联盟不仅将帮助EQUIP确定开设培训课程的城市,而且还会选拔包括管理培训会议的国家、城市的协调员,以及参加培训的40 000名领导者。

最后一步就是聘请愿意贡献时间在全球各地培训领导者的优秀领导者们了。每两名导师将在三年之内每年到某一城市两次,路费自理,并且还要自己出资为被培训人准备资料。他们一共将培训40 000人,而这40 000人每人还要再培养25个领导者。如果这个战略取得成功,也就是说我们将会培训100万名领导者,毫无疑问,这将是一个伟大的计划。但问题是,这一目标能实现吗?我将在本章后面回答这个问题。

## 按照领导者的算法向前冲

领导者天生都没有什么耐心,至少我认识的领导者都是这样。他们希望迅速行动实现目标,他们会因取得的进步而兴奋。出色的领导者能够迅速评估组织的发展阶段，思考需要进行的项目以及如何完成这些项目。但问题是大多数时间下属和组织都跟不上领导者的思维。因此，领导者总是因为组织达不到他们预想的目标而倍感压力。在我的一生中，就感受过这种压力。对于参加每个组织，我对它应该如何发展都有强烈的感觉，这些感觉有时甚至像孩子的想法一样天真。

怎样减轻现状与目标差距给你带来的压力呢？答案在"爆炸性倍增法则"中。

> 如果发展自我，你会获得个人成功。
> 如果发展团队，团队会取得进步。
> 如果发展领导者，组织会获得爆炸性增长。

通过领导追随者，你可以获得提高，但是要想最大限度发挥领导能力，并且帮助组织实现其潜力，你需要培养领导者，只有这样才能获得爆炸性增长。

## 不同的关注点

要成为一位培养领导者的领导者，关注点显然与一位只培养追随者的领导者完全不同，他需要一种不同的思维方式。让我们来看看培养领导者和培养追随者的领导者之间的差别。

**培养追随者的领导者：要有被人需要的感觉**

**培养领导者的领导者：希望有人继承他**

> 要成为一位培养领导者的领导者，关注点显然与一位只培养追随者的领导者完全不同，他需要一种不同的思维方式。

担任领导职务，当然会让人很兴奋。你说的话别人会听，你可以要求别人帮助你完成某项任务。有追随者可以让你感到自己被别人需要、自己很重要。然而，如果成为领导者就是为了这些就显得太肤浅了。优秀的领导者都是为了他们的下属而领导，为了在任期结束后，他们可以放心退出领导岗位。

**培养追随者的领导者：发展最下层的20%**

**培养领导者的领导者：发展最优秀的20%**

在领导一支团队的时候，与哪些人打交道占据了你大部分时间和注意力？是那些团队中能力最弱的人。如果你放任不管，他们会耗掉你80%的时间。然而，实践"爆炸性倍增法则"的积极领导者不会允许最下层的20%浪费他们的时间。

他们首先寻找最优秀的20%，即最具领导潜力的人，然后花费时间培养他们。因为他们明白培养了最优秀的人才，这些人才也会帮助其他人。

**培养追随者的领导者：专注于人的弱点**

**培养领导者的领导者：专注于人的长处**

要花时间在最底层的20%，就是因为你必须不断地注意他们的弱点。这些人通常连做一些最基本的事情都需要帮助，这些事情使得他们达不到正常水平。然而，和最优秀的人才一起共事，你就可以在他们优点的基础上取得进步。

**培养追随者的领导者：一视同仁**

**培养领导者的领导者：因人而异**

在某些领导圈内有一种愚蠢的说法，就是对待下属要一视同仁。其实这绝对是错误的。正如米克·德莱尼所说："任何公司或企业如果给游手好闲者与辛勤工作者一样的报酬，它们迟早会发现有越来越多的游手好闲者。"培养领导者的领导者是基于结果而给予奖励、投资和责任的。领导者的作用越大，他们得到的机会就越多。

**培养追随者的领导者：在一般人身上花费时间**

**培养领导者的领导者：在人才上投资时间**

那些只吸引追随者但从来不培植他们的领导者不会为这些人带来价值提升。然而，当领导者花费时间培植领导者的时候，他们其实做了一笔很有价值的投资。他们用的每一分钟都有助于提高这些领导者的能力和影响。最终这又给他们自己及整个组织带来利益。

**培养追随者的领导者：以加法方式成长**

**培养领导者的领导者：以乘法方式成长**

吸引追随者的领导者以加法方式发展自己的组织。当你吸引了一个追随者，你就影响了一个人，但你也只能获得这一个人带来的价值和能量。相反，培养领导者的领导者却以乘法方式为组织带来增长，因为他们在培养这些领导者的同时也获得了接受培养的领导者自身及其追随者的价值。

组织里增加10位追随者，你就多了10个人的能量。组织里增加10位领导者，你就有这10位领导者乘以他们所影响到的追随者和其他领导者的能量。这就是领导者的数学。这是加法和乘法方式增长之间的区别，这和通过团队而不是个人来发展组织是一样的道理。

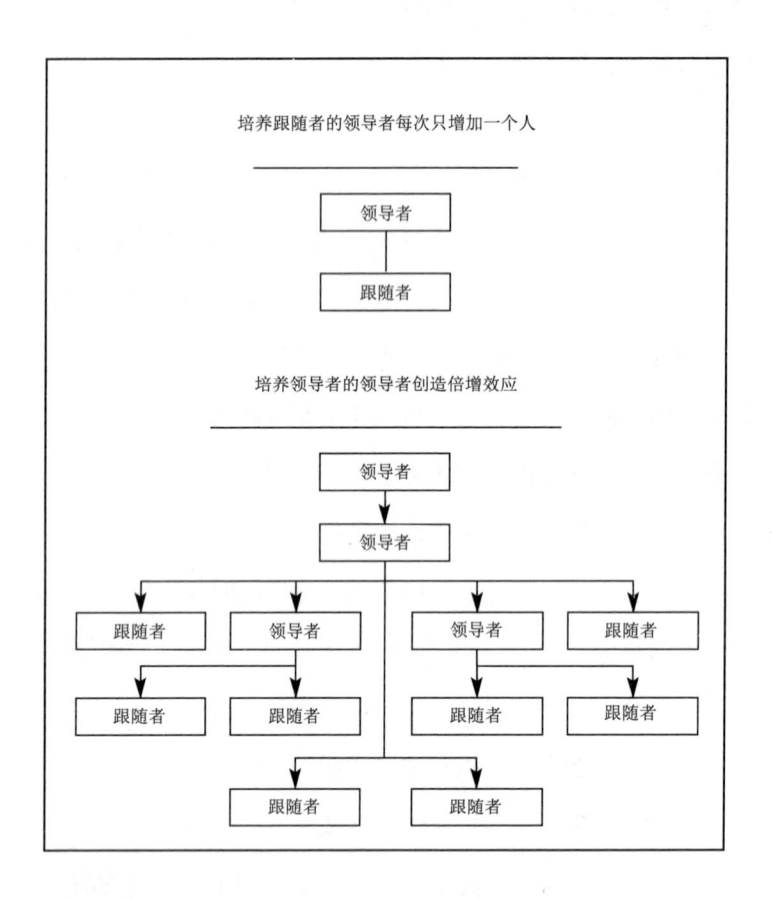

```
培养跟随者的领导者每次只增加一个人
─────────────────────────────
                领导者
                  ↓
                跟随者

培养领导者的领导者创造倍增效应
─────────────────────────────
                领导者
                  ↓
                领导者
     ┌──────┬─────┴─────┬──────┐
   跟随者  领导者       领导者  跟随者
            ↓             ↓
         跟随者 跟随者  跟随者 跟随者
              ↓              ↓
            跟随者          跟随者
```

**培养追随者的领导者：只影响到身边常接触的人**

**培养领导者的领导者：影响力扩及甚远**

吸引追随者但从不培养领导者的领导者总是感到很疲倦，为什么？因为他们必须要亲自和每个人都打交道。如果只能影响到身边常接触的人，那么影响力就非常有限。相反，培养领导者的领导者，他们的影响力扩及甚远。他们培养出来的领导者越优秀，追随者的数量就越多，素质就越高，他们的影响力也就越大。你每次培养领导者并帮助他们提高领导水平，就会使他们影响更多的人。通过帮助一个人的成长，你其实影响了很多人。

## 培养领导者的挑战

如果培养领导者可以带来如此巨大的影响,那为什么不是每位领导者都这样做呢?因为这个过程中会遇到困难。培养领导者不是信手拈来的,需要花费时间、精力与大量资源才能看到结果。原因有以下几点。

**1.领导者难觅**

你认识的人当中有多少人是真正优秀的领导者?他们有影响力,办事能力出色,能够发现、把握机遇;他们能够吸引、招揽、召集人才,并使他们有出色的表现。这并不是许多人能够持之以恒做到的。实际上,多数人都是追随者,只有很少一部分是领导者。领导者就像雄鹰,从不成群行动。这就是他们如此难觅的原因。

**2.领导者难聚**

如果发现了领导者,要把他们招揽过来也是十分困难的。他们都很有创业精神,喜欢独立行事。如果要招揽他们,你首先要明白自己的发展方向,目标如何完成,还有谁与你一同向前,以及他们能否被驾驭等。你所做的事要比他们正在做的更有吸引力。

最重要的是,你的团队需要创造一种能够吸引他们的环境。一般情况下这个条件很难达到。多数组织都渴望稳定发展,而领导者却喜欢刺激和冒险;多数组织都渴望按部就班,而领导者则喜欢机动灵活;多数组织都墨守成规,领导者则喜欢创新思维。如果想要招揽领导者,必须创造一个他们容易适应并取得发展的环境。

### 3.领导者难留

就如发现和招揽优秀领导者一样,要留住他们也非常困难。要领导领导者唯一的办法就是使自己成为更出色的领导者。如果你不断提高,一直保持领先于他们,你就能不断为追随你的领导者们提升价值。你的目标必须是不断培养他们,这样他们才能发现自己的潜力。只有一位领导者能为其他领导者做到这些,因为只有领导者才能提升其他领导者的价值。

我曾做过一项非正式问卷调查,目的是找到到底是什么因素造就了领导者。结果不出我所料——

10%是由于自然天赋

5%是由于危机所产生的结果

85%是由于其他领导者的影响

在10位领导者中只有1位能在没有其他领导者的帮助下取得成功。剩下的9位都需要他们的领导者们的帮助。如果你一直都为你手下的领导者提升价值,他们就会愿意一直追随你。久而久之,他们就永远都不想离开你了。

## "百万领袖使命"的启动

由于认识到培养领导者是实现培养100万领袖目标的关键,EQUIP在2002年,从印度、印度尼西亚和菲律宾的几个城市启动了"百万领袖使命"项目。之所以会选择这些地方,是因为我们跟这里的接触最多,而且前几年也曾取得过成功。结果，人们对这一项目反响非常强烈，成百上千渴望提高的领导者从各地赶来参加为期两天的培训，有的参与者甚至花费五天时间步行来参加这一项目。到了培训的尾声，当我们要求参与者承诺在接下来的三年内使用我们提供的资料培养25名领导者的时候，超过90%的人都签名同意。

由于第一次活动就取得了成功，我们更加坚定了这一目标。第二年，我们开始在亚洲的其他地方及中东培训领导者。2004年在非洲；2005年在欧洲；2006年在南美。尽管地点不同，但战略都是一样的。

1. 与那些已经和当地人共事的有影响力的核心领导者联系，并获取他们的支持。
2. 要求这些核心领导者确定在他们国家的会议举办地点。
3. 依靠这些核心领导者选拔领导者参加培训。
4. 聘请在美国愿意自费出国培训领导者的领导者。
5. 要求当地参与培训的领导者在接受我们的培训之后，承诺在三年之内培养其他领导者。

在有些城市，只有几十名领导者参加培训。但在另外一些城市，则有多达几百人参与。许多领导者都承诺培养25名领导者，有一些只能承诺培养5名到10名，但还有一些人在他们的城镇里培养了100名、200名甚至250名领导者。

之前提过我们的目标是到2008年培训100万名领导者。虽然有时进展不那么顺利，比如，我们在一些国家没能获得当地人的信任；在另外一些国家，我们花费了很长时间才与当地的领导者们发展好关系。但令我们惊喜万分的是，2006年春天，我们提前两年实现了既定目标。之前似乎不可能完成的目标现在看起来并不是那么难以实现。2007年，我们又培训了100万名领导者。此外，我们又启动了一个在五年内培训500万名领导者的项目。我希望在我退休之前，EQUIP和其合作伙伴可以在全球培训5000万名领导者。这就是爆炸性增长。

我已经60岁了，我发现培养领导者的作用是倍增的。你在别人身上投资越多，时间越长，你获得的提升就越大，回报就越高。或许我已经不再像以前那样精力旺盛了，但我现在正处在人生的收获阶段，在别人身上投资的35年获得了难以想象的回报。

---

培养领导者的作用是倍增的。你在别人身上投资越多，时间越长，你获得的提升就越大，回报就越高。

---

我不清楚你的领导力发展已经达到哪一个阶段。或许你已是一位很有成就的领导者，抑或你只是刚刚起步。不管你处于哪个阶段，有一点是确定的：只有当你开始培养领导者，而不仅仅吸引追随者的时候，才能完全发挥你的潜能，并帮助组织实现最高目标。培养领导者的领导者会收获一种难以想象的倍数增长，而这是其他任何方法都不能取得的——无论你通过增加资源、削减开支、提高利润、改进制度、实施质量管理程序或任何其他办法都无法达到这种倍数增长。唯一能让你经历爆炸性增长的方法是采用"领导者的数学"。这就是"爆炸性倍增法则"所释放出来的巨大能量。

## 将
# 爆炸性倍增法则
### 应用于你的生活

1.你的领导力水平目前处于哪个阶段？

　　第一阶段：提高自己

　　第二阶段：发展团队

　　第三阶段：培养领导者

　　可以用一些你发展自身、团队并帮助他人提高领导力的行动来检验你的答案。如果还没有开始培养领导者，试着找出原因。你是不是这样一种人：需要感觉自己被需要、把注意力集中在最底层的20%人员身上、对下属一视同仁或者在别人身上投资时没有目的性。如果你还没有培养领导者，列出培养领导者应该采取的步骤。

　　2.为了寻找并招揽领导者，你正在作哪些方面的努力？你经常去一些地方或者参加会议以通过网络寻找潜在的领导者吗？如果还没有，就应该开始着手做这些了。如果你已经做了，为了发展与他们的良好关系，并把他们招揽到你的组织、部门或团队里来，你都做了些什么？

　　3.为了招揽、留住领导者，你都作了哪些努力？你已经成为那种领导者都愿意追随的领袖了吗？你创造出领导者可以很好发展并取得成功的环境了吗？你给予他们领导和革新的自由了吗？你不再摆出领导的架势了吗？你给予他们资源以及更多的责任了吗？你称赞冒险、奖励成功了吗？

# 21.传承法则

## 一个领导者的长久价值由其继承者决定

在很久以后，你的葬礼上，你希望别人怎样评价你的一生？这个问题似乎很奇怪。但这确实是你作为一位领导者最应该扪心自问的事情。多数人从不考虑这种问题，这样其实不对，因为这会导致他们的人生和领导能力与自身最大的潜力和影响力背道而驰。如果希望在领导上取得成功，你就需要掌握"传承法则"。原因呢？因为一个领导者的长久价值由其继承者决定。

### 追寻生命的意义

埃莉诺·罗斯福说过："人生就像跳伞，第一次你就必须顺利完成。"我一直都很清楚一个事实：人生在世几十年，因此我们需要最大限度地利用这有限的时间。人生不像彩排可以反复，它只有一次。父亲在我十几岁的时候就如是教导我了。因此，我一直都努力，渴望在我所从事的所有事业中都成为佼佼者。但我必须承认，这么多年来，我的目标和愿望有了不少的改变，而这已经影响了我领导的方向。

作家、政治家克拉尔·卢斯大使提倡人们写下"人生使命陈述"——即表明人生使命和目标的语句。在20世纪60年代刚开始工作的时候，我的"人生使命陈述"是："我要成为一位伟大的牧师。"工作几年后，我开始意识到自己在沟通上的缺陷，所以人生使命陈述就变成了："我要成为一位伟大的沟通者。"接下来的十多年，我集中精力提高自己的语言能力。然而，到30岁出头时，又意识到即使我能说会道了，影响力还是非常有限。一年中只有365天，能听到我演讲的人数也有限，而我希望能够影响更多的人。因此我决定："我还要成为一位伟大的作家。"

我用了三年时间完成了我的第一部书，尽管它只有128页，而且每章也只有三四页。在一次会议上，一位女士恭维我说，能写出这么短小精干的一本书的作者实在太聪明了。其实，聪明与否和书的长短一点都不相关，我只是没话可写了。之后，我又写了很多书，我很感激自己写的书给予我与更多人沟通的机会。但是到了40岁的时候，我的注意力又转移了。那时我决定："我要成为一位伟大的领袖。"我希望建立并领导一个可以取得成功、产生重大影响的组织。

## 看法的改变

在成长过程中，我发现自己的世界变得越来越大。因此，我的"人生使命陈述"也在不断改变。快到60岁的时候，我回想之前所有的人生警句，我发现了它们有一个共同点：都在为别人提升价值，所以这才是我的愿望。我希望成为一位成功的牧师、沟通者、作家及领导者，它们都是为了帮助别人。终于到了60岁了，我确定了余生为之奋斗的人生目标。在我的葬礼上，我希望自己的一生可以让人们不假思索地就明白我所做的一切。我的人生使命就是："我希望为那些给其他人带来价值倍增的领导者提升价值。"

> 我的人生使命就是："我希望为那些给其他人带来价值倍增的领导者提升价值。"

为什么"人生使命陈述"如此重要呢？因为它不仅能设定你人生的方向，而且也决定了你将留下的遗产，我用了很长时间才明白这个道理。在你离开的时候，如果没有留下任何东西，那就算不上成功。留下遗产的最佳方式就是通过传承法则。

## 发展你的领导"遗产"

如果你渴望作为一位领袖对后代产生影响，我建议你应该对自己的遗产有高度的目的性。我相信每个人在离开的时候，都会留下某种遗产，有一些是积极的，还有一些则是消极的。但是我所知道的是：我们可以选择留下何种遗产，所以就必须努力工作，留下自己希望的遗产。具体方法如下。

### 1.清楚自己希望留下的遗产

> 多数人得过且过，他们做不到身体力行。

多数人得过且过，他们做不到身体力行。我认为人需要对自己如何生活有积极的想法，特别是领导者。格兰维尔·克莱塞在他的描写个人发展的经典书《权力训练和领导力》(*Training for Power and Leadership*)中写道:

> 生活就像一本书,扉页上是你的名字,前言是对世界的介绍。书中的每一页都记录了你的努力、尝试、快乐、挫折和成就。你每天的所思所为都记录在你人生的书中。每一刻的记录都必须代表一贯的表现。到这本书即将完成的时候,它里面记录的应该满是高尚的目标、真诚的服务和出色的工作。

有一天,人们会用简短的一句话来总结你的一生。我的建议是现在就为自己挑选一句吧。

### 2.实现自己希望留下的遗产

我坚信一个有信服力的领导者一定过着以信念为导向、言行一致的生活。由于我的领导遗产涉及到通过影响领导者提升价值,所以我把大部分注意力都集中在领导者身上。在努力培养这些未来领导者方面,我是很有目的性的。

---
*有一天,人们会用简短的一句话来总结你的一生。我的建议是现在就为自己挑选一句吧。*

---

我认为,社会上有七个领域最具影响力:宗教、经济、政府、家庭、媒体、教育和体育。在职业生涯早期,我仅仅在其中一个领域有一定的影响力。但我一直都在努力争取在其他方面也获得声誉、取得成功。因此,我不仅出资建造与人们真诚交流的桥梁,而且不计较个人得失。

如果想名留青史，你需要先行一步。你期望在别人身上看到的样子，必须是你首先力争达到的目标。

### 3.挑选你事业的继承人

我不知道你希望在一生中取得什么样的成就，但我可以告诉你：继承你遗产的肯定是人，而不是物。《领导是一门艺术》（Leadership is an Art）的作者马克斯·德普里宣称："传承乃是领导的一项主要责任。"但是似乎很少有领导者实践"传承法则"。人们总是把精力放在组织、建筑物、系统以及其他一些毫无生气的事物上。其实，在我们离开之后，继续在那里工作的是活生生的人。所有其他的那些事物都只是暂时的。

通常有一种自然的规律：领导者如何传承总是从他们渴望实现开始。

· 已经做了大事时，他所得到的仅仅是成就而已。

· 带出一群有能力的人和他一起完成大事时，他所取得的是成功。

· 当他培养了一群领导者来完成他的愿望时，他的一生就更加有意义了。

· 如果一位领导者能够使组织在没有他的情况下仍然能取得成功，那么，他就是创造出了传承的典范。

就像我的朋友克里斯·毛斯格罗伍所说的："成功不是看你眼前接手做什么，而是看你身后留下来什么。"

> 如果一位领导者能够使机构在没有他的情况下仍然能取得成功，那么，他就是创造出了传承的典范。

快餐连锁店哥克的创始人特鲁特·凯西曾说："有人跟我说过，'特鲁特，从你的孙子、孙女身上就可以看出你是否优秀。'我说，'我觉得自己培养出了三个非常出色的子女；现在要看看他们怎么培养我的12个孙子、孙女了。'"为什么有人说看一下某人的孙辈就知道这个人怎么样了呢？因为这可以看出在你离开以后，你所选择的继承人如何把你的事业继续发扬光大。因此，你必须要精明谨慎地选择一位传承者。

**4.确保顺利传递交接棒**

汤姆·姆林斯是一位杰出的领导者，也是前EQUIP董事会成员，他曾告诉我接力比赛中最重要的部分就是交接棒区——选手们要在这里把接力棒传给他的队友。四位接力选手可能都是世界上跑得最快的，每个人都能创造新纪录，但是如果在交接棒的时候出现失误，他们就会输掉比赛。在"传承法则"方面也是同样的道理。不管你领导得如何出色，成绩多么突出，如果没有传递好指挥棒，你就不会留下自己希望的遗产。

汤姆非常清楚这一点，在他离开几年之前，就一直计划他的继承人问题。他推荐的人选同样也是一位优秀的领导者——他的儿子托德。逐渐地，托德承担越来越多的责任，汤姆告诉我他最欣慰的就是看到托德和其他领导者比他自己领导时更出色。

几乎任何人都能够使他的组织在某段时间表现突出，譬如推出一个炫目的新计划或新产品，举办大型活动来吸引群众，大幅度削减开销以提升短期利润，等等。但是那些把事业传承下去的领袖却有不同的做法，他们都是用长远的眼光来考虑问题的。作家、教育家、神学家艾顿·杜柏德写道："在种一棵我们没有机会在其底下纳凉的遮荫树时，我们至少已经在探索人生意义的路上开了个头。"最优秀的领导者都是用面向未来的思想来领导今天的事业，他们在那些可以很好继承、发展自己事业的人身上投资。为什么呢？因为一个领导者的长久价值由其继承者决定。这就是"传承法则"。

---

在种一棵我们没有机会在其底下纳凉的遮荫树时，我们至少已经在探索人生意义的路上开了个头。

——艾顿·杜柏德

---

## 传承的典范

1997年的秋天，我和一群同事前往印度，我们决定参观20世纪最伟大的领导者——特蕾莎修女之家。它坐落在加尔各答市，是一栋朴实无华的钢筋水泥建筑物，当地人称之为"妈妈之家"。当我站在门外的时候，心想恐怕没有人会认为这样一座其貌不扬的房子，竟然会成为这么成功的一位领导者建立事业的基地。

为了参观特蕾莎修女的墓地，我们穿过前廊进入一处露天的内院。它坐落在员工餐厅里。但是当我们到达时，发现那儿正在举行仪式，所以只好等他们结束以后再进去。

我们看到大约有四五十个修女正在里面坐着，穿的衣服都和特蕾莎修女一模一样。

"里面在干什么呢？"我问一位路过的修女。

她微笑地回答说："今天又有45位修女宣誓进入我们的修会。"说完便匆匆走向建筑物的另一端。

由于要赶飞机，我们不能在这里久留，只能稍微看一眼就离开。当我们穿过一条长廊离开那里，置身于街道上汹涌的人群时，我想："特蕾莎修女一定会很骄傲的。"虽然她已经去世了，但是她所留下的事业仍然在不断地发展。她自己为全世界做出了巨大贡献，现在又培养了一批领导者继续把她的目标发扬光大。按照目前的发展情况来看，她的继承者们仍将继续影响未来的世代。因此，特蕾莎修女的一生就是"传承法则"最生动的展示。

## 很少有领导者懂得传承

在电视上观看奥斯卡颁奖礼直播的时候，其中的一个环节让我感到很震撼，大屏幕上放映了电影圈里上一年去世的名人照片——从编剧、导演到演员、技师。底下的观众看到大多数图片后，多数都是礼节性的鼓掌，有一些则获得非常多的掌声。不可否认的是，这些人都是本领域的佼佼者，有些人可能是其中最优秀的。但是在短短几秒的展示及一些掌声后，他们被人们遗忘了。礼堂里的每个人都只关注奥斯卡奖的下一个提名。

人生转瞬即逝。归根到底，作为领导者，你的能力将不是以个人的成就来衡量的。你可以制作一部叫座的大片，但是几代人之后你还是会被人忘却；你可以写一部获奖小说，但是几百年之后你也会被遗忘；你可以创造一件杰出的艺术品，但是过了一两千年，没有人会记住是谁制作了它。

---

人生的意义在于影响其他的生灵。

——杰基·罗宾逊

---

不，我们的领导力不再按照我们建立的事业，或者团队在任期内所取得的成就大小来衡量，而是按照在我们离职后，下属们的表现来判断。正如伟大的棒球运动员杰基·罗宾逊所说的："人生的意义在于影响其他的生灵。"最终，我们的成就会由"传承法则"来评估。一个领导者的长久价值由其继承者决定。

将

# 传承法则
## 应用于你的生活

1.你在离开之际，希望留下什么样的遗产？如果你刚刚开始领导生涯，我不期望你对这个问题有肯定的答案。然而，我仍然相信，想想自己生活的意义是很有价值的。

花点时间思考你为什么要领导。这个过程可能会比较缓慢。对传承的想法是和一个人对生活的目标紧密联系的。你为什么处在这个位置上？你拥有怎样与人类最高潜力相关的天赋和技能？依你个人情况而言，你拥有什么样独特的机遇？你的周围正在发生哪些事？你可能会影响哪些人？在一生中，作为一位领导者，你可能会达到哪些目标？

2.既然你有要留下遗产的想法，你必须要在做事方式上作哪些改变才能创造出希望的遗产？把这些问题的答案都列下来。你列出的清单可能会包括行为的改变、个性发展、教育、工作方法、关系建立方式等。只有通过改变自己的生活方式，你才能创造出希望未来留给后人的遗产。

3.你会在谁身上投资，然后让他继承你的遗产呢？理想的情况是你应该挑选比自己更有潜力的人，他们才能"站在你的肩膀上"，而且做得比你更加出色。因此，你应该现在就开始在他们身上投资。

# 结语

## 兴衰成败皆系于领导力

这就是全部的领导力21法则。一旦学会了这些法则，你要去实践它，并应用在生活中。实践这些法则，人们将会欣然追随你。我讲授领导力课程超过40年了，在这些年里，我一直对参加这一课程的人们强调一句话，现在我也要告诉你们：凡事之兴衰成败皆系于领导力。可能有些人不相信这句话，但它是千真万确的。在生活中越努力，你就越能发现领导力的作用。任何与他人交往的事业的成败都取决于你的领导力水平。

在你努力发展组织的时候，请记住这些：

- 人才决定组织的潜力。
- 关系决定组织的士气。
- 结构决定组织的规模。
- 目标决定组织的方向。
- 领导决定组织的成败。

掌握这些法则之后，你还应该与你的团队一起分享它们。正如我在一开始提到的那样，没有一个领导者能够同时把这21件事都做好，因此需要建立一支优秀团队共同实践这些法则。

我希望你们在领导力方面取得巨大的成功。追求梦想，追求卓越，实现自己的梦想。完成所有准备活动后，出色的领导力将助你取得成功。学会领导——不仅为自己，也要为追随你的人们。在达到最高水平之后，不要忘记培养他们成为未来的领导者。

# 领导力21法则自测题

阅读下文中的各个句子，看看在多大程度上与你自己的实际情况比较匹配，依据下面的打分规则给每句话打分。

0分：从不这样

1分：很少这样

2分：偶尔这样

3分：总是这样

1.盖子法则：领导力决定一个人的办事效力

_____1）在面临挑战时，我首先想到的是"我可以找谁帮忙"而不是"我能做什么"。

_____2）当我所在的团队、部门或者组织未能完成既定的目标时，我首先会觉得可能是在领导力方面出现了问题。

_____3）我认为提升领导能力能够大大提升我的工作效率。

总分_____

**2.影响力法则：衡量领导力的真正尺度是影响力**

_____1）我依靠影响力而不是自己的职位或头衔去让别人追随我或者让别人按照我的要求去做。

_____2）在头脑风暴或者讨论时，人们会来询问我有什么建议。

_____3）我做事情依靠的是自己跟他人的关系，而不是组织既有的体系和流程。

总分_____

**3.过程法则：领导力的提升是日积月累的结果，而非一日之功**

_____1）我有一个具体明确的个人成长计划，而且会每周跟进。

_____2）在生活中关键的领域，我已经为自己找到了一些专家和导师，并会定期向他们请教。

_____3）为了促进自身的职业发展，在过去的三年里，我每年至少会读6本书（或者至少参加一次很有价值的培训或者收听12节甚至更多的音频视频课程）。

总分_____

**4.导航法则：谁都可以掌舵，唯有领导者才能设定航线**

_____1）我能够发现可能影响组织行动结果的问题、障碍和发展趋势。

_____2）我能够清楚地看到实现某种愿景的路径，不仅包括相应的过程，而且还包括所需的人力和资源。

_____3）组织会依赖我拟定行动规划。

总分_____

5.增值法则：领导者为他人提升价值

_____1）当团队成员遇到阻碍他们有效完成工作的问题时，我不仅不会为此苦恼，而且还会觉得这是一个服务和帮助他人的机会。

_____2）我会想办法让事情的发展有利于我所领导的人。

_____3）帮助他人取得更大的成功能够带给我巨大的满足感。

总分_____

6.根基法则：信任是领导力的根基所在

_____1）即便遇到敏感问题我所领导的人也会信任我。

_____2）当我队组织内的某个人说我要做某件事情的时候，他可以信赖我，因为我会说到做到。

_____3）我不会给别人使坏或者背后对别人说三道四。

总分_____

7.尊重法则：人们通常愿意追随比自己强的领导者

_____1）人们愿意向我靠拢，经常想跟我一起做事，因为他们喜欢跟我在一起。

_____2）我会尽一切可能向我所领导的人表示尊重和忠诚。

_____3）我会做出鼓舞人心的决定，即便对我没什么好处，我也愿意冒险为我的追随者争取利益。

总分_____

8.直觉法则：领导者善用领导直觉评估每件事务

_____1）我看人很准，无论是在坐满人的会议室里还是在一个团队或者一个组织内。

_____2）作为领导者我经常能够采取正确的行动，甚至我自己也无法解释为什么会这样。

_____3）我能够看透现状和感知趋势，根本不需要为此去寻找什么证据。

总分_____

9.吸引力法则：你只能吸引和你相似的人

_____1）我对下属的能力非常满意。

_____2）我希望自己吸引的人在价值观、技能和领导能力方面都会跟自己比较相似。

_____3）我意识到，要想提升我所招聘人员的质量，最

领导力21法则 **299**

好的办法就是先提升自己，其他的任何人才招聘流程都无法跟这种办法相媲美。

  总分_____

**10.亲和力法则：领导者深知，得人之前必先得其心**

  _____1）每当在一种新情境下担任领导者时，我首先会尝试去做的事情之一就是跟相关的人员建立个人联系。

  _____2）我了解我所领导的人有哪些故事、有什么样的希望和梦想。

  _____3）除非我跟对方已经建立了超越工作内容的个人联系，否则我不会请求对方帮助我完成某个使命或者实现某种愿景。

  总分_____

**11.核心圈法则：一个领导者的潜力，由最接近他的人决定**

  _____1）在决定什么人可以跟我走得比较近时，无论是从个人层面还是从职业层面讲，我都会非常谨慎，而且会很有策略。

  _____2）我经常会依赖自己生活中比较关键的几个人帮我完成既定的目标。

  _____3）我认为我的成功有至少一半的功劳要归于我团队中的其他成员。

  总分_____

12.授权法则：有安全感的领导者才会授权予人

_____1）我会热情地拥抱改变，维持现状会让我觉得很不舒服。

_____2）在我看来，不管为我工作的人多么富有天赋，我的职位都是安全的。

_____3）我经常会授权我的下属去做决定和承担风险。

总分_____

13.镜像法则：看到别人怎么做，大家也会怎么做

_____1）如果我发现团队成员的某些行动或工作成果不是我希望看到的，我会首先从自身找原因，然后再去跟他们谈。

_____2）我会时刻注意尽量让自己的言行保持一致。

_____3）我会做自己该做的事情，而不是想做的事情，因为我很清楚我是在为他人作出榜样。

总分_____

14.接纳法则：人们先接纳领导者，然后接纳他描绘的愿景

_____1）我知道，信任的缺失对组织的伤害跟愿景的缺失带来的伤害一样严重。

_____2）我会等到团队里的大部分成员都已对我充满信

心时才会要求他们承诺致力于实现某个愿景。

_____3）即便我的主意并不是非常好，我的人也愿意站在我这边。

总分_____

15.制胜法则：领导者为他的团队找出一条制胜之路

_____1）当我领导一个团队时，我会认为团队是否能实现既定的目标完全要由我来负责。

_____2）如果我的团队成员不能为了一个共同的愿景携手共进，我会采取行动让他们回到正确的轨道上来。

_____3）为了确保团队、部门或组织的成功，我自己愿意做出牺牲。

总分_____

16.动势法则：动势是领导者最好的朋友

_____1）为了团队成员，我会每天都充满热情，始终保持积极的姿态。

_____2）每当我做出关键的领导决策时，我都会考虑这个决定将如何影响团队、部门或组织的士气。

_____3）在介绍某个新事物或存在争议的事宜时，我都会采取旨在激发士气的特别行动。

总分_____

17.优先次序法则：领导者明白，忙碌不一定等于成效

_____1）我会尽量避免这样的任务：不在我的领导职责内、无法带来有形的回报、对我个人没好处。

_____2）我会基于自己设定的优先级安排我每天、每月或每年的日程和计划。

_____3）只要我的团队成员的做事效率不低于我自己的80%，我就会授权他们去做。

总分_____

18.舍得法则：领导者必须先"舍"后"得"

_____1）我知道权衡和取舍是领导力发展的必然组成部分，只要不违背我的价值观，我愿意做出必要的牺牲，以便让自己成为一名更优秀的领导者。

_____2）为了实现既定的愿景，我可以比别人付出得更多。

_____3）为了激发自己作为领导者的潜能，我愿意放弃一些权利。

总分_____

19.时机法则：掌握时机与善用策略同样重要

_____1）我愿意拿出时间搞清楚行动的最佳时机，因为我觉得时机跟策略一样重要。

_____2）我会利用一个并非理想的策略启动某件事情，因为我知道时机是对的。

　　_____3）我能够感觉到人们是否做好了接受某个想法的准备。

总分_____

20.爆炸性倍增法则：培养追随者，得到相加的效果；培养领导者，得到倍增的效果

　　_____1）我认为，要想让组织发展得更快，最有效的做法就是在组织内培养领导者。

　　_____2）每周我都会拿出大量的时间用于培养排在前20%的领导者。

　　_____3）我宁愿看到我培养的领导者自己去获得成功，而不是把他们留在我的身边，以便时刻辅导他们。

总分_____

21.传承法则：一个领导者的长久价值由其继承者决定

　　_____1）我会强烈地感受到自己为什么会从事这样的工作以及为什么会在领导他人。

　　_____2）在我待过的每一个岗位上，我都找到了可以继往开来的人，而且我都在他们身上倾注了心血。

　　_____3）我最大的动力之一就是把每一个团队都带上一个

新的高度，让它比我刚介入其中时变得更强大、更高效。

总分_____

现在，你已经完成了测评，针对每条法则确定你的优势和不足。利用下面的指导原则帮助你继续前行。

8-9分：这条法则是你的强项，充分发掘你在这方面的才能并对他人进行辅导。

5-7分：把这条法则列为需要提升的重点。你完全有可能把它变成你的强项。

0-4分：这条法则是你的弱项。聘请在这方面比较强的人加入你的团队或者与在这方面比较强的人结成合作伙伴。

## 激发个人成长

多年以来，千千万万有经验的读者，都会定期查看熊猫君家的最新书目，挑选满足自己成长需求的新书。

读客图书以"激发个人成长"为使命，在以下三个方面为您精选优质图书：

### 1. 精神成长

熊猫君家精彩绝伦的小说文库和人文类图书，帮助你成为永远充满梦想、勇气和爱的人！

### 2. 知识结构成长

熊猫君家的历史类、社科类图书，帮助你了解从宇宙诞生、文明演变直至今日世界之形成的方方面面。

### 3. 工作技能成长

熊猫君家的经管类、家教类图书，指引你更好地工作、更有效率地生活，减少人生中的烦恼。

每一本读客图书都轻松好读，精彩绝伦，充满无穷阅读乐趣！

## 认准读客熊猫

读客所有图书，在书脊、腰封、封底和前后勒口都有"读客熊猫"标志。

## 两步帮你快速找到读客图书

1. 找读客熊猫

2. 找黑白格子

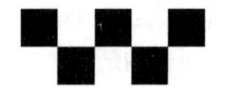

马上扫二维码，关注**"熊猫君"**

和千万读者一起成长吧！

图书在版编目（CIP）数据

领导力21法则：追随这些法则，人们就会追随你 /
（美）约翰·C. 马克斯维尔著；路本福译. -- 上海：
文汇出版社，2017.3
ISBN 978-7-5496-2019-7

Ⅰ. ①领… Ⅱ. ①约… ②路… Ⅲ. ①企业领导学
Ⅳ. ①F272.91

中国版本图书馆CIP数据核字（2017）第039099号

---

The 21 Irrefutable Laws of Leadership: Follow Them and People Will Follow You (10th Anniversary Edition) by John C. Maxwell
Copyright © 2007 by John C. Maxwell
This Licensed Work published under license.
Simplified Chinese translation copyright 2015 by Dook Media Group Limited
This translation published by arrangement with Thomas Nelson Inc. Through The Artemis Agency.
All rights reserved.

中文版权 © 2017 读客文化股份有限公司
经授权，读客文化股份有限公司拥有本书的中文（简体）版权
版权登记号 图字：09-2017-100

## 领导力21法则：追随这些法则，人们就会追随你

| 作　　者 | / | 约翰·C.马克斯维尔 |
| --- | --- | --- |
| 译　　者 | / | 路本福 |

| 责任编辑 | / | 戴　铮 |
| --- | --- | --- |
| 特约编辑 | / | 袁海红　姜一鸣 |
| 封面设计 | / | 李子琪 |

| 出版发行 | / | 文汇出版社 |
| --- | --- | --- |
| | | 上海市威海路755号 |
| | | （邮政编码200041） |

| 经　　销 | / | 全国新华书店 |
| --- | --- | --- |
| 印刷装订 | / | 三河市龙大印装有限公司 |
| 版　　次 | / | 2017年4月第1版 |
| 印　　次 | / | 2025年6月第37次印刷 |
| 开　　本 | / | 710×1000mm　1/16 |
| 字　　数 | / | 236千字 |
| 印　　张 | / | 20 |

ISBN 978-7-5496-2019-7
定　价 / 45.00元

**侵权必究**
装订质量问题，请致电010-87681002（免费更换，邮寄到付）